MAX DUDLER

DIE NEUE DICHTE

Der neue Stadtteil Europaallee und die Pädagogische Hochschule Zürich

Impressum

Herausgeber
J. Christoph Bürkle
Alexander Bonte

Redaktion
Alexander Bonte

Lektorat
J.Christoph Bürkle

Gestaltung und Satz
[T616 veruschka götz berlin]

Umschlaggestaltung
[T616 veruschka götz berlin]

Druck und Bindung
DZA Druckerei zu Altenburg GmbH

Bibliografische Information der Deutschen Nationalbibliothek
Die Deutsche Nationalbibliothek verzeichnet diese Publikation
in der Deutschen Nationalbibliografie; detaillierte bibliografische
Daten sind im Internet über http://dnb.d-nb.de abrufbar.

jovis Verlag GmbH
Kurfürstenstraße 15/16
10785 Berlin

www.jovis.de

ISBN 978-3-86859-198-9

Alexander Bonte,
J. Christoph Bürkle [Hg.]

MAX DUDLER

DIE NEUE DICHTE

Der neue Stadtteil Europaallee und die Pädagogische Hochschule Zürich

jovis

Inhalt

Der neue Standort der Pädagogischen Hochschule

Walter Bircher
Rektor / Pädagogische Hochschule Zürich

Erstmals in der langen Geschichte der Lehrerinnen- und Lehrerbildung des Kantons Zürich werden alle Abteilungen und Organisationseinheiten der Pädagogischen Hochschule Zürich [PH Zürich] in einem einzigen Gebäudekomplex an der Europaallee vereinigt. Bisher waren diese auf 19 Standorte und annähernd 30 Gebäude über die ganze Stadt verteilt. Die Studierenden und Mitarbeitenden erwartet eine urbane Umgebung mit drei markanten Gebäuden mit ebenso klar strukturierten Fassaden. Im Inneren begegnet man einem Raumkonzept mit hoher Funktionalität und Dichte, geprägt durch eine sachliche Formensprache und ausgesuchte Farbgebung.

Die PH Zürich erreicht mit dem Campus-Neubau eine unverkennbare physische Präsenz im Zentrum der Stadt Zürich, direkt an einem nationalen und europäischen Verkehrsknotenpunkt. Die ansprechenden, klaren Formenelemente der Architektur von Max Dudler konvergieren mit den strategischen Entwicklungszielen der Hochschule. Als Zentrum für alle Angebote und Dienstleistungen im Kontext von Lehre und Forschung profiliert sich die PH Zürich im nationalen und internationalen Bildungssystem. Die durchdachte Raumkonzeption, die attraktive Infrastruktur und qualitativ hochstehende Leistungen werden, neben der zentralen Lage, wesentliche Erfolgsfaktoren sein, um künftig noch mehr Lehrpersonen sowie neue Kundensegmente für die Aus- und Weiterbildung zu gewinnen.
Der Ausbau des Wissensmanagements und die Förderung der Interdisziplinarität sind strategische Entwicklungsziele der PH Zürich. Die Studierenden profitieren durch die räumliche Zentralisierung der Ausbildung zudem von einem markanten Zeitgewinn und einem attraktiven Lernforum mit integrierter Bibliothek, Digital Learning Center und Schreibzentrum. Es bleibt interessant zu erfahren, wie die Studierenden die neuen urbanen und auf hohe Funktionalität ausgerichteten Lehr- und Lernumgebungen aufnehmen werden.

Großes Auditorium der Pädagogischen Hochschule Zürich

brockenhaus
POST

POST

Vom Bahngelände zum urbanen Stadtteil

Andreas Steiger
SBB Immobilien / Leiter Development Europaallee

Nach 150 Jahren Nutzung mit Reparaturwerkstätten, Remisen oder Lagerbauten und später durch die Zürcher Hauptpost – die Sihlpost – mit dem Brief- und Paketumschlag für die ganze Stadt Zürich wird sich das rund 78.000 Quadratmeter große Areal zwischen Lagerstrasse und Gleisen innerhalb weniger Jahre in einen Stadtteil mit hoher Aufenthaltsqualität, einer modernen, urbanen Architektur und einem großzügig gestalteten öffentlichen Raum verwandeln. Auf 270.000 Quadratmeter Nutzfläche werden 2000 Studierende der Pädagogischen Hochschule, über 6000 Arbeitsplätze, 300 Wohnungen und 160 Hotelbetten, vielfältige Einzelhandels- und Gastronomieangebote sowie Freizeiteinrichtungen die Europaallee zu einem neuen, lebendigen Ort im Zentrum der Stadt machen.
Die einmalige Lagequalität des Standortes und die Bedeutung des Areals für die Stadt Zürich führte bereits 1969/1970 im Ideenwettbewerb für einen Totalneubau des Hauptbahnhofs zur Idee, das Gebiet auch für Nutzungen, die nicht in unmittelbarem Zusammenhang mit Bahnbedürfnissen stehen, zu öffnen. Das Siegerprojekt wurde zum Ausgangspunkt einer harten städtebaulichen Auseinandersetzung in der Stadt Zürich. Das »HB Südwest« und später »Eurogate« genannte Vorhaben mit einer Gleisüberbauung wurde mehrmals überarbeitet und 2001 trotz rechtskräftiger Baubewilligung von der Bauherrschaft aufgegeben. Damit wurde der Weg frei für die Europaallee.

Die Schweizerischen Bundesbahnen [SBB] nahm nun die Projektentwicklung selbst aktiv in die Hand und war sich mit den Projektpartnern Post und Stadt Zürich schnell einig über die wichtigsten Vorgaben für eine zeitgemäße, nachhaltige Stadtentwicklung:

hohe soziale, ökonomische und ökologische Qualität

hohe architektonische Relevanz, klare Identität und Funktionalität

nachhaltige Aufwertung des Gebietes über Nutzungsdurchmischung und Interaktion mit den angrenzenden Stadtquartieren

Erstellung in Etappen

Dafür konnte der schon bestehende Gestaltungsplan »HB Südwest« keine Grundlage sein. Im Gegensatz zu den Projekten HB Südwest und Eurogate entschieden sich die Partner bei der Europaallee für einen städtebaulichen Planungsprozess mit schrittweisem Vorgehen. Die städtebauliche Vision für den Bearbeitungsperimeter wurde nicht über einen klassischen Architekturwettbewerb, sondern in einem Testplanungsverfahren entwickelt. Hierzu wurden drei Teams [Devanthéry & Lamunière/Genf, KCAP – Kees Christiaanse/Rotterdam und ARGE HB Zürich – Theo Hotz AG, Burkhalter + Sumi, Gigon/Guyer/Zürich] eingeladen. Im rund acht Monate dauernden Prozess wurden die entwickelten Ideen und Vorschläge in drei Workshops präsentiert und gemeinsam mit einem aus Fachleuten gebildeten Begleitgremium diskutiert.
Aus allen drei Entwürfen sind städtebauliche Ideen in die Ausarbeitung des städtebaulichen Konzeptes und des daraus entwickelten Gestaltungsplans eingeflossen. Basis für das definitive städtebauliche Konzept bildete der Ansatz vom Team Kees Christiaanse dank seiner Einbindung in das bestehende Quartier und seiner Flexibilität bezüglich Konzentrationsmöglichkeiten. Für jedes der acht Baufelder wird zur Unterstützung der gewünschten Vielfalt ein

Marriott

Blick über den Gleisraum des Bahnhofs auf die PHZH

Andreas Steiger

eigenes Wettbewerbsverfahren durchgeführt. Die vom Team Kees Christiaanse entwickelten Bebauungsregeln bieten ausreichend Spielräume für die Entwicklung des Gebietes, wie die ersten Bauten aus der Hand von Max Dudler eindrücklich zeigen.

Am Ort der heutigen Pädagogischen Hochschule Zürich [PHZH] stand das erst 1992 fertiggestellte Briefzentrum der Post. Da die Verarbeitung der Briefe in das neue Briefzentrum Zürich- Mülligen überführt werden sollte, war klar, dass die »neue« Sihlpost ab Ende 2008 für andere Nutzungen frei werden würde. Die »alte« Sihlpost mit der Poststelle im Erdgeschoss wird jedoch weiterhin erhalten bleiben.
Die SBB als Grundeigentümerin und die Post als Gebäudeeigentümerin entschieden sich deshalb 2005, für die beiden durch das Briefverteilzentrum belegten Baufelder [A+C] einen gemeinsamen Projektwettbewerb auszuschreiben. Das Verfahren beinhaltete die Umnutzung des Gebäudes der Alten Sihlpost, den Umbau und die Erweiterung des Betriebsgebäudes »Neue Sihlpost« auf dem Baufeld A sowie eine Neubebauung auf dem Baufeld C.

Parallel zum Wettbewerb konnte die Pädagogische Hochschule des Kantons Zürich [PHZH] als Hauptmieterin gewonnen werden. Erste Studien hatten gezeigt, dass sich das Briefverteilzentrum für eine Umnutzung als Hochschule eignen könnte. Im Wettbewerb überzeugte das Projekt »Stadtskulptur« von Max Dudler, das auf der Struktur des bestehenden Gebäudes aufbaut, dabei aber städtebaulich und architektonisch mit seiner Körnigkeit und Durchlässigkeit vollständig neue Akzente setzt. Die raffinierte Erfindung des hochliegenden Stadtplatzes verschafft der PHZH einen würdigen Zugang und Außenraum und ermöglicht gleichzeitig mit der Stapelung der Nutzungen eine dem Standort angemessene Dichte und Belebung.
Im Erdgeschoss entsteht auf 7000 Quadratmetern eine Ladenpassage mit Anbietern aus den Bereichen Travel, Outdoor, Adventure und Sport. Darüber wird neben der Pädagogischen Hochschule Zürich mit rund 40.000 Quadratmetern auch die Credit Suisse 12.000 Quadratmeter Bürofläche unmittelbar am Hauptbahnhof nutzen können.

Im September 2012 konnte der Gebäudekomplex den neuen Nutzern übergeben werden – ziemlich genau sechs Jahre nach der Volksabstimmung über den Gestaltungsplan und etwas mehr als dreieinhalb Jahre nach Baubeginn. Für die Leistung, in dieser kurzen Zeit nicht nur ein funktional und technisch einwandfreies Haus, sondern auch ein städtebauliches Wahrzeichen zu bauen, gebührt dem Team um Max Dudler Respekt und Anerkennung. Für die Europaallee ist damit die Reise noch nicht abgeschlossen. Bis 2020 werden Jahr für Jahr neue Gebäude und Nutzer dazustoßen. Dann wird sich ein belebter, durchmischter Stadtteil zeigen, dessen zentrale Achse, die Europaallee, zwei Welten verbindet: den Kreis 1 mit der weltbekannten Bahnhofstrasse und die pulsierenden Kreise 4 und 5.

Schmale Gassen flankieren das Hauptgebäude [A23]

Treppenaufgang zum Campus der PHZH

Neue Dichte in Zürich

J. Christoph Bürkle
Publizist und Architekturhistoriker

Das Thema der städtischen Verdichtung ist so alt wie die Entwicklung der Städte selbst. Schon im frühen Siedlungsbau drängten sich die Häuser aneinander, um besser geschützt zu sein, damit die Menschen schneller kommunizieren und von gegenseitiger Arbeitskraft profitieren konnten. Das »Naheaneinanderrücken« versteht sich also von selbst und drückt bis heute die Qualitäten des Städtebaus aus, aber auch dessen Verkehrung ins Gegenteil durch übermäßige Verdichtung und daraus resultierende Übernutzung und Verslumung. Höhepunkte dieser Entwicklung kennt man vornehmlich aus dem asiatischen Raum und hier insbesondere aus Hongkong, dessen unkontrollierter Massenwohnungsbau den Begriff der Verdichtung zum Schreckgespenst erstarren ließ. Urbane Qualitäten gibt es aber nicht ohne Verdichtung, wie es das geniale Raster von Manhattan zeigt, welches niemals das Gefühl einer überbauten Enge erzeugt, wie man es von mittelalterlichen Strukturen kennt, die wiederum eine viel geringere soziale Dichte aufweisen. Ein ebenso bis heute gut funktionierendes Beispiel ist die hochverdichtete Stadterweiterung Passeig da Gracia von Ildefonso Cerdà 1860 in Barcelona, wo Dichte mit städtischen Wirkpunkten wie Parks und Plätzen sinnfällig kombiniert ist. Den planerischen Paradigmenwechsel von Dichte und aufgelockerter Bebauung zeigt wohl kaum eine Stadt besser als Berlin, das infolge einer enormen Landflucht ab 1860 extrem verdichtet wurde und innerhalb einer kurzen Zeitspanne zu einer Gesamtbevölkerung von vier Millionen Einwohnern anschwoll. In der Folge von schlechten hygienischen und katastrophalen sozialen Wohnverhältnissen versuchte man die Stadt mit großen, aufgelockerten Zeilenbausiedlungen zu »entdichten« und zu durchlüften. Bis heute ist Berlin von diesen beiden Baustrategien geprägt, die nach dem Kriege einerseits durch die Nachmoderne und in der Folge durch die Postmoderne ihre weiteren Ausprägungen erhielten. Einerseits sind die spekulativen Mietskasernen des 19. Jahrhunderts heute urbaner und bisweilen romantisierter Wohnraum, andererseits sind modernistische Wohnformen wie die Hufeisensiedlung und Siemensstadt oder das Hansaviertel, die einst das bewusste Gegenbild städtischer Dichte darstellten, ebenso begehrte Orte, die mittlerweile zum Kulturerbe der Stadt avancierten. Es ist letztlich die Qualität, die den Fortbestand des historischen Städtebaus sichert; in Berlin steht die wiederbelebte, ideologisch überfrachtete Blockrandbebauung wie selbstverständlich neben der aufgelockerten Stadtlandschaft. Viel wichtiger ist das, was sich zwischen den Architekturen befindet: der öffentliche und halböffentliche Raum. Es sind die Plätze, die Foren, die Straßen, die Achsen, die Boulevards, die Monumente, die Trottoirs, die Grünanlagen, die Wasserläufe, die Läden, die Parks, die Kulturbauten und Denkmäler, die städtischen Raum identifizierbar, individuell und einzigartig erscheinen lassen. Die Alltagsarchitektur, die es dazwischen auch noch gibt, wird vor diesem Bild des Städtischen scheinbar weniger wichtig. Das alles kann und konnte man bei den Stadtbautheoretikern des 19. Jahrhunderts nachlesen, die sich erfreulicherweise wieder größerer Beliebtheit erfreuen.

In der Schweiz wird ebenfalls seit zehn Jahren verstärkt über Verdichtungsformen nachgedacht. Das hat einerseits eine Vielzahl von Studien und Publikationen ausgelöst, andererseits haben Untersuchungen zur Bebauungsstruktur der Schweiz selbst den Diskurs über Dichte erst in Gang gebracht. Erwähnt sei hier nur das Studio Basel, dessen »Städtebauliches Portrait der Schweiz« werbewirksam und durchaus verdienstvoll ins Bewusstsein gerückt hat, was alle schon wussten: In der Schweiz wurden

POST
HOTEL

J. Christoph Bürkle

nicht die Städte, sondern die Vororte, die Agglomerationen und das Land baulich verdichtet. Mit der Warnung, dass eine Metropolitanregion von Basel bis Genf und vom Thurgau bis ins Wallis nicht mehr aufzuhalten sei, ging ein Rauschen durch alle Planungsämter des Landes, und man ist sich einig, dass die Verstädterung des Landes – wenn überhaupt – nur durch Verdichtung der Städte aufzuhalten ist. Durch die Gemeindeautonomie, die vergleichsweise geringe, aber dezentrale Industrialisierung und nicht zuletzt durch das schon früh ausgebaute, flächendeckende öffentliche Verkehrsnetz ist die Siedlungsgeschichte hierzulande anders verlaufen. Es ließen und lassen sich nahezu überall Arbeits-, Industrie- und Wohnstandorte errichten. Die Folge sind fehlende Großstädte, dafür kleinstädtische und ländliche, dezentralisierte Bebauungsstrukturen.
Zürich bemüht sich indessen erfolgreich, die Stadt im Wohnungsbau von innen zu verdichten, allein schon deshalb, um dem konstanten Mangel an bezahlbarem Wohnraum entgegenzuwirken. Jahrelang wurde immer nur so viel Wohnraum erstellt, wie sich teuer vermieten ließ, anders gesagt, das Angebot lag und liegt noch immer weit unter der Nachfrage. So hat Zürich europaweit einen der geringsten Wohnungsleerstände, was mit dazu beitrug, dass die Einwohnerzahl seit den 60er Jahren konstant zurückging. Seit den 90er Jahren steigt die Zahl wieder, durch verstärkte Zuwanderung und die ständig steigende Nettowohnfläche pro Person ist der Bedarf immer noch sehr hoch, obwohl innerhalb der letzten Jahre mehr als 7000 Wohnungen erstellt werden konnten. Folgerichtig fiel der Fokus zunächst auf die Verdichtung vornehmlich randstädtischer Wohngebiete, die noch immer eine aufgelockerte Bebauung teils nach dem Leitbild der Gartenstädte aufweisen. Zudem war in Gebieten wie Schwamendingen, Seebach, Friesenberg, Affoltern und Altstetten, die traditionell einen hohen Ausländeranteil aufweisen, mit geringem politischen Widerstand zu rechnen. Die Strategie, im Wohnungsbau bei relativ geringer Dichte in Zürich zu beginnen, ist richtig und verdienstvoll, so entstehen in Absprache mit den Quartieren neue urbane Areale, ohne den Dialog mit der vorhandenen Struktur und den durchaus noch bestehenden dörflichen Spuren zu verwischen. So wurden existierende Bauten aufgestockt, Volumen vergrößert oder erweitert, bei weitgehender Beibehaltung der alten Bebauungsstruktur. Allerdings werden dadurch die öffentlichen lediglich kleiner – der Städtebau nach den oben genannten Kriterien bleibt dabei gelegentlich auf der Strecke.

Aber auch im innersten städtischen Raum blieb die Stadt nicht untätig. Längst ist man sich bewusst, dass man sich – will man die Pendlerströme der Städte eindämmen – von dem nachmodernistischen Leitbild der Trennung von Wohnen und Arbeiten zugunsten von durchmischten hochurbanen Quartieren verabschieden muss. Gefragt sind innerstädtische Gebiete, die gut an den öffentlichen Verkehr angeschlossen sind und die eine gemischte Nutzung zulassen, in erster Linie Dienstleistungen, Büros und Wohnraum, so wie es in historisch gewachsenen Städten schon immer gewesen ist.
Eines der ersten großen Projekte in Zürich wird das neue Quartier »Europaallee« sein, das alle Paradigmen zeitgemäßer Planung aufweist. Hier findet sich »hohe soziale, ökonomische und ökologische Qualität« neben »hoher architektonischer Relevanz mit klarer Identität und Funktionalität« und zugleich eine »nachhaltige Aufwertung des Gebietes und Interaktion mit den angrenzenden Stadtquartieren«, wie es von den Schweizerischen Bundesbahnen [SBB],

der Besitzerin des Areals, euphorisch formuliert wird. Nun endlich kann in diesen Gebiet südwestlich des Zürcher Hauptbahnhofes ein Zeichen gesetzt werden, als Folge einer langen Leidens- und Planungsgeschichte um das breite Gleisareals des Bahnhofs herum.
In der Mitte des 19. Jahrhunderts gebaut, stand der Bahnhof am nördlichen Stadtrand außerhalb des Stadtgebietes. Hundertfünfzig Jahre später befindet er sich in der Mitte der Stadt mit einem gewaltigen Gleiskörper, der sich wie eine Schneise durch die nördliche Stadt zieht. Die Standortqualität des Bahnhofes mitten in der Stadt ist unumstritten, zugleich ergeben sich für Zürich aus der Lage mit Gleiskörper alle erdenklichen Verkehrsprobleme, mit einer stetig wachsenden Agglomeration. Das hatten schon Zürcher Architekten in den 30er Jahren vorausgesehen und für eine Verlegung des Bahnhofes wiederum an den Stadtrand zwischen Altstätten und Schlieren plädiert. Schon damals scheiterte der Plan politisch, mit den Folgen muss Zürich für immer leben. Stattdessen wurden die Perrons auf über zwanzig Gleise erweitert, der Bahnhof beständig ausgebaut und mit unterirdischen Einkaufszonen versehen, mit vielen Arbeitsplätzen für immer ohne Tageslicht.
Bereits in den 70er Jahren begann eine der größten Planungsaufgaben der Schweiz, von der außer einer großen Summe verschwendeten Geldes und einer Halle von Modellen nichts übriggeblieben ist – außer in dessen Folge das neue Quartier der Europaallee. Wenn schon an der Lage des Bahnhofes nichts mehr zu ändern war, dann wollte man wenigstens den Platz nutzen, die Gleiskörper weitläufig überbauen und mit flankierenden Maßnahmen die langen Seiten des Areals überbauen – so das damalige Leitbild. Ein ehrgeiziges Projekt, das heute nur aus der euphorischen Planungszeit der 70er und 80er Jahre zu verstehen ist, in denen man modernistisch geschult Großplanung mit Städtebau verwechselte. Auch wechselnde Etiketten von HB-Südwest über Stadtraum HB bis hin zu Eurogate Zürich halfen nicht, die Finanzierung war nicht aufzubringen und das Langzeitprojekt wurde 2001 endgültig liquidiert. Lediglich der Name »Euro« erinnert noch an die alte Planung, was bei der derzeitigen Haltung der Schweiz zu Europa eher amüsant ist.

Dennoch ist die pragmatische und durchdachte Planung des Europa-Areals richtig und wird sich auch in der Zukunft als überaus erfolgreich erweisen, wenn es noch an der gegenüberliegenden Zollstrasse seine Entsprechung findet. Endlich ist das nahezu brachliegende Gelände der SBB genutzt und die überaus wertvolle Lage in der Nähe des Bahnhofes für öffentliche und private Nutzungen erschlossen. Das Bahnhofs- und Geleiseareal kann so endgültig nicht weiterwachsen, vielleicht ist hiermit sogar unbewusst der Grundstein gelegt, den Bahnhof einst doch noch zu verlegen, wenn die heute schon an ihre Grenzen gelangte Aufnahmefähigkeit des Kopfbahnhofes nur noch mit einem neuen Durchgangsbahnhof aufgefangen werden kann. Bis dahin wird die geplante »Durchmesserlinie«, die den Hauptbahnhof mit den Bahnhöfen von Oerlikon und Altstätten und dem neuen Durchgangbahnhof Löwenstrasse verbindet, den Durchgangsverkehr erheblich entlasten. Realisten sehen allerdings nicht zuletzt auch dadurch die Aufnahmekapazität von heute 300.000 Menschen täglich auf 500.000 steigen, was kaum noch zu bewältigen sein wird.

Vom Stadtplaner Kees Christiaanse stammt der durchdachte Masterplan des Areals, der die genaue

Einpassung des Geländes in die vorhandenen Bebauungen und städtischen Bedingungen veranschaulicht. Das vorhandene Wegeraster von den benachbarten Straßen wurde geschickt weitergeführt. Enge Gassen öffnen sich gezielt zu den großen öffentlichen Räumen, die Europaallee schließt und weitet sich zu den Plätzen, schafft so interessante Sichtachsen; Niveausprünge generieren überraschende Volumen und Foren, alles Elemente, die man von alten Städten her kennt. Dazu gehören auch extreme Verdichtung, schmale Öffnungen und Innenhöfe, die ruhige Stadträume generieren. Eindeutiger Kopfbau ist die Sihlpost mit dem seitlichen Verteiler des Europaplatzes, der den Bezug zur Sihl herstellt, und die Verbindung zum gegenüberliegenden Kreis 4 und zum Sihlquai-Quartier. Den Abschluss des Areals wird ein Hotelbau an der Langstrasse markieren, und die städtischen Fassaden werden einen starken architektonischen Akzent setzen, einerseits ihre formale Eigenständigkeit betonen und in ihrer blockrandständigen Setzung die nachbarliche Bebauung wiederspiegeln.
Der erste Bauabschnitt der Pädagogischen Hochschule von Max Dudler verdeutlicht, dass der Architekt die Prämissen, die im Masterplan angedacht waren, sinnfällig in gebaute Architektur überführt und weitergedacht hat. Aus der Volumenvorgabe entwickelte Dudler eine städtebauliche Figur, in der vier Bauten mit engen Erschließungswegen windmühlenartig zueinander gruppiert sind und einen zentralen Platz – das Forum – einschließen. Diese Figur lässt eine hohe Verdichtung zu, schafft überraschende Durchblicke und Raumfluchten, erlaubt keine Verkehrsflächen für Autos und schafft zugleich eindringliche Assoziationen gewohnter Altstadtbilder, vornehmlich aus Italien, wo oftmals enge Gassen zu einem zentral gelegenen Platz führen. Aber auch in Zürichs Altstadt lässt sich diese Typologie finden. Hauptnutzerin ist die Pädagogische Hochschule, die somit einen eigenen Campus erhält, wo die verschiedenen Funktionsbereiche erstmals an einem Ort untergebracht ist. Auf dem Baufeld C hat Dudler diese eindringliche Figur in kleinerem Maßstab wiederholt, die gemeinsam mit David Chipperfield und Gigon/Guyer realisiert wurde. Auch hier umschließen vier Bauten einen zentralen Hof, allerdings mit zusätzlichen Toren und Durchgängen, weil es differenziertere Nutzungen gibt. Immerhin ist dieser Typus, der auch als verdichteter Blockrand gelesen werden kann, beinahe zur Folie für das gesamte Areal geworden, auch in den hinteren Baufeldern findet er sich wieder.

Der Kernbau der Pädagogischen Hochschule ist der innenliegende, quadratische Hochbau, der mit seinem zentralen Innenhof die Grundfigur wie ein Mikrokosmos noch einmal wiederholt. In den unteren Geschossen ist die Mitte mit Hörsälen, die kein Tageslicht benötigen, gefüllt, in den oberen Geschossen werden die Treppenhäuser, Büros und Seminarräume des tiefen Volumens von innen zusätzlich belichtet. Das Forum bildet den identitätsstiftenden Kern der Hochschule, der zugleich als öffentlicher Raum einen urbanen Wirkpunkt schafft. Durch die Setzung dieses Forums in die erste Geschossebene ist der Zugang über die Treppen architektonisch wirkungsvoll inszeniert, verleiht dem Ort zusätzliche Bedeutung und zugleich ist im Untergeschoss Platz für die querverlaufende Ladenpassage geschaffen, die sich dadurch architektonisch und räumlich bewusst unterordnet.
Mit den Vor- und Rücksprüngen im oberen Bereich der Häuser entsteht eine Stadtskulptur, welche die eigene Masse und damit auch die Verdichtung formal reduziert, sich den umliegenden Bebauungslinien anpasst und sich zugleich ins umliegende

Speisesaal

Cafeteria

Lounge im Lernzentrum

Geschäftshaus A30, Terrasse

Quartier integriert. Das Dudlersche Fassadenschema aus hellen Muschelkalkelementen mit großflächigen Fensterkästen, die die steinerne Festigkeit mit formal aufgelösten Glasfassaden verbinden, verleugnet seine urbane Herkunft nicht. Es markiert den großstädtischen Charakter auf den ersten Blick, den dieses Gebiet nun erhalten soll, und die Fassaden setzen zugleich ein Credo der architektonischen Nachhaltigkeit um: Sie werden unbeschadet altern. Zugleich stellen sie mit der horizontalen Gliederung die Verbindung zur ähnlich klaren Fassade der Sihlpost her, die sie zugleich mit dem klassisch anmutenden Stein- und Fugenschema wiederum konterkarieren.
Dieser klare und gezielte Umgang mit den architektonischen Mitteln, die auf allgemein konnotierte Typen ebenso wie auf moderne Setzungen zurückgreifen, zeigt, dass eine große Verdichtung am richtigen Ort eine neue und angemessene Urbanität erzeugt: Zürich auf dem Weg zur Großstadt.

Blick vom Bahnsteig auf das Geschäftshaus

Neue Dichte – Ein neues Quartier für Zürich

Ein Gespräch zwischen
Patrick Gmür [Direktor / Amt für Städtebau Zürich],
Max Dudler und J. Christoph Bürkle

BÜRKLE: Herr Gmür, als Direktor des Amtes für Städtebau ist das neue Quartier der Europaallee für Sie ein wichtiges Projekt, auch wenn es vor Ihrer Amtszeit ausgelobt wurde. Sind Sie mit dem ersten Bauabschnitt der Pädagogischen Hochschule von Max Dudler zufrieden?

GMÜR: Kurz gesagt: Ja. Vor meiner jetzigen Tätigkeit hatte ich selbst die Gelegenheit, an dem Wettbewerb teilzunehmen. Es ist also ein Gebiet, das ich aus meiner eigenen Praxis kenne. Dann ist es ein Projekt, das durch seine Größe und seine Wichtigkeit mitten in der Stadt für mich von Bedeutung ist. Wir verfolgen die Entwicklung beim Amt für Städtebau intensiv im Sinn der Verdichtung der wachsenden Stadt. Außerdem ist es ein Beispiel für unterschiedliche Strategien: für Dichte an einem zentralen, sehr gut erschlossenen Ort. Hier ist Dichte wichtig – wenn nicht hier, wo dann? Gleichzeitig ist das Projekt ein gutes Beispiel für die Weiterentwicklung der vorgegebenen Bedingungen der heutigen Stadt. Gemeint ist die Frage des Verkehrs, der Erschließung. Wir haben hier die Chance, ein verkehrsfreies Gebiet von hoher Dichte zu entwickeln.
Es geht hier auch um die Verbindung von Alt und Neu. Die Sihlpost wurde als Kopfbau und wichtiges Gebäude gut eingebunden. Ich bin sehr zufrieden. Es wird ein paradigmatisches Beispiel, wie alte und neue Substanz gut zusammenfindet. Letztlich wird die Sihlpost als Monument oder altes Gebäude besser wirken als vorher – das Neue profitiert vom Alten und umgekehrt.
Es ist interessant zu sehen, wie man einen öffentlichen Raum ganz neu entwickelt – darum geht es bei der Europaallee. Zu sehen, wie sich das Gesicht der Lagerstrasse verändert. Zugleich werden in dieser Planung neue Orte geschaffen, spezifische Plätze und neue Situationen generiert, das ist interessant.

BÜRKLE: Und Sie Herr Dudler, sind Sie nach der langen Planungs- und Realisierungsphase jetzt auch mit dem Ergebnis zufrieden oder wurde in dem Prozess vieles verändert, oder hätte einiges noch besser hätte sein können?

DUDLER: Wenn man sich unseren Wettbewerbsbeitrag anschaut, haben wir unsere Idee von der inneren Verdichtung voll und ganz umsetzen können. Wir wollten von Anfang an eine Stadtanlage, ein Ensemble und nicht Haus neben Haus verwirklichen. Eine Stadtanlage, welche die Physiognomie der Stadt aufnimmt und in eine moderne Architektursprache transformiert. Wenn man über die Gassen und die Treppenanlagen auf den Campus geht, spürt man diese Überlagerung – man kennt das vom Lindenhof in Zürich, die schönen Treppenanlagen, die zu einem öffentlichen Platz führen. Das ist meiner Meinung nach voll und ganz gelungen. Aber auch bezüglich der Detaillierung. Patrick Gmür hat es angesprochen: Auf einmal wird die Sihlpost wieder zum Hauptgebäude, und es wird nicht einfach »hinten angebaut«, wie es früher war. Viele Wettbewerbsteilnehmer haben das Baufeld ja ganz zugebaut, während wir einzelne Stadtfiguren zu einem Gesamtensemble gefügt haben. Und ich meine, das ist auch gelungen. So muss Verdichtung vorgenommen werden: nach innen. Das kann man spüren, wenn man das Gebiet durchwandert und das ist ja jetzt auch möglich, alles bleibt öffentlich. Es gibt wirklich wieder neue Plätze. Wenn man über die Weiterentwicklung der europäischen Stadt redet – wir sind ja in einer europäischen Stadt in Zürich – dann muss der öffentliche Raum wieder manifestiert werden, sodass es Plätze gibt, die diesen Namen auch verdienen und nicht nur Füllungen, in denen ein Haus neben dem anderen steht.

Luftbild des ehemaligen Zustandes

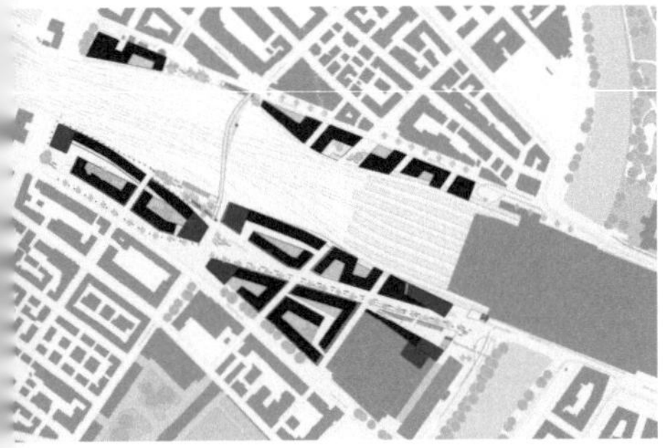

Masterplan, Kees Christiaanse

Lageplan des Wettbewerbsentwurfs von Max Dudler

BÜRKLE: Also sind im Städtebau die Zwischenräume das Entscheidende?

DUDLER: Das ist so.

BÜRKLE: Wie wurden die städtebaulichen Prämissen des Masterplans von Kees Christiaanse erarbeitet? Hat die Stadt da eingegriffen oder korrigiert? Anders gefragt: Wie war die Zusammenarbeit zwischen Stadt und Planer?

GMÜR: Dieses städtebauliche Konzept und der Masterplan wurden in einem kooperativen Verfahren mit drei verschiedenen Teilnehmern entwickelt. Kees Christiaanse hatte sich durchgesetzt, weil sein Entwurf trotz höherer Dichte die Vernetzung mit der bestehenden Stadt schaffte. Es ist bekannt, dass sich dieser Ort sehr gut erschließen lässt und es mit der Durchmesserlinie eine enorme Steigerung geben kann. Im Moment benützen 300.000 Menschen täglich den Bahnhof. Mit der neuen Linie werden es möglicherweise bis 500.000 täglich sein.
Wir gehen davon aus, dass diese Bahnhofserweiterung für Zürich eine Verlagerung bedeutet. Mit den 400 Meter langen Zügen werden die Ausgänge Europaplatz und Zollstrasse an Bedeutung gewinnen. Es wird also im nördlichen Teil, sozusagen im rückwärtigen Bereich eine Verdichtung geben. Einerseits hat Kees Christiaanse erkannt, dass die Stadt hier dichter sein kann, andererseits ist es die öffentliche »Durchwegung«, die wir bereits angesprochen haben, die wir als gut und richtig empfanden. Er hat auch erkannt, dass ein Masterplan einen großen Spielraum braucht. Die Welt verändert sich, im Großen wie im Kleinen. Die Nutzungen und Vorstellungen ändern sich und mit einem guten Masterplan kann man darauf reagieren, so wie das hier der Fall ist.

DUDLER: Nach den Wettbewerben ist ja jetzt vieles anders geworden.

GMÜR: Das stimmt, zugleich ist richtig, was Herr Bürkle gesagt hat: Der Zwischenraum muss bestimmt sein. Der Anschluss an das gegenüberliegende Quartier ist durch die kleinen Gassen gegeben. Das große Potenzial ist aber die Schaffung neuer öffentlicher Räume durch die Europaallee, wie es in der ersten Etappe bereits spürbar ist.

DUDLER: Das ist schon jetzt so, das spürt man.

BÜRKLE: Also ist der Masterplan eigentlich eins zu eins umgesetzt worden.

GMÜR: Also wenn man ihn eins zu eins anschauen würde, nicht ganz. Aber die Kunst liegt in der Grundidee, also in den drei, vier räumlichen Vorgaben, und die sind stark genug.

DUDLER: Die Durchwegung scheint mir sehr wichtig …

BÜRKLE: … die den bestehenden Stadtgrundriss in das neue Gebiet weiterführt …

DUDLER: … genau, und in unserem ersten Wettbewerb haben wir diese Struktur noch erweitert – wir haben öffentliche Räume, wie den Campus, hinzugefügt. In den folgenden Verfahren wurde diese Idee aufgenommen.

GMÜR: Dieses Wegkonzept ist aus zweierlei Gründen wichtig: Einerseits kann das Gebiet auf öffentlichem Raum vielfältig durchquert werden, gleichzeitig ergeben sich Sichtachsen, die immer auf den freien Gleisraum der Bahn stoßen und diesen mit dem Stadtkörper verbinden. Dieser Gleisraum ist für die

Städtebauliches Modell des Wettbewerbsentwurfs von Max Dudler

Arbeitsmodell für das Baukollegium

Fassadenstudie für das Baukollegium

Stadt prägend, er muss frei bleiben. Zugleich hat die Stadtentwicklung eine unglaubliche Chance, dem öffentlichen Raum rechts und links ein Gesicht zu geben – eine Adresse für Zürich zu schaffen.

BÜRKLE: Das ist demnach ein Teil der Planungen, die von HB Südwest übriggeblieben sind.

GMÜR: Ja, aber anders. Wir respektieren heute, dass dieser Raum zur Stadt gehört, eine eigene Qualität hat und sich nun an den Rändern verdichtet.

BÜRKLE: Das klingt nach wunderbarer Einigkeit. Das Gelände gehört der SBB. War sich die Stadt mit der SBB im Ziel der Verdichtung und deren städtebaulicher Umsetzung tatsächlich in allen Punkten einig?

GMÜR: Ja, ich glaube, das ist bei allen großen Projekten so, man findet sehr schnell den größten und kleinsten gemeinsamen Nenner. Niemand will ja etwas Schlechtes bauen. Dies gilt für alle Investoren, also auch für die SBB.

DUDLER: Die SBB waren ein exzellent guter Bauherr, nebenbei.

GMÜR: Natürlich gibt es auch intensive Diskussionen auf den verschiedensten Ebenen. Auf der einen Seite mit der Stadt und den Behörden, die dann den öffentlichen Raum sichern, die Breite der Durchgänge bestimmen und über die Größe der Plätze diskutieren wollen. Es gibt die unterschiedlichen Interessen, wichtig ist, dass sich jeder seiner Rolle bewusst ist. Der Investor, die SBB, die Stadt, die Behörden und nicht zuletzt der Architekt.

DUDLER: Wir sind ja fünf, sechs Mal zum Baukollegium gegangen. Vorwiegend ging es um öffentliche Räume, um Dichte, um Höhen; Wir hätten mehr Ausnützung auf dem Baufeld A unterbringen können, auch beim Baufeld C, das die UBS gekauft hat. Das Baufeld E mit den Wohnungen und dem Hotel wurde voll ausgenutzt, glaube ich. Diese Form der Auseinandersetzung zwischen Architekt, Bauherr und Stadt, das ist der richtige Weg.

GMÜR: Nicht zu vergessen – der Landschaftsarchitekt gehört natürlich auch dazu.

BÜRKLE: Kann man es auch auf diesen Nenner bringen: Das optimale Verdichtungskonzept war auch ein optimales Renditekonzept?

GMÜR: Ja, das ist so. Die Stadt befürwortet die innere Verdichtung der Stadt. Zürich hat nur diese Chance, wenn es wachsen will. Es gibt kaum noch freie Grundstücke und jetzt ist mit der Europaallee wieder eines weg. Wir müssen also schon bebaute Grundstücke weiter verdichten. Da sind Konflikte vorprogrammiert, aufgrund unterschiedlicher Interessen. Dichte ja, aber immer in der entsprechenden Qualität. Es wird interessant sein, zu beobachten, wie dieser Ort angenommen wird.

DUDLER: Wichtig war sicher die Entscheidung, die Pädagogische Hochschule mitten in die Stadt zu bringen. Dadurch wird das Viertel lebendig. Es wird hier eine enorme Vielfalt geben. Für einen Ort, an dem sich alle Zugverbindungen treffen, ist das ideal. Heute wird viel über Nachhaltigkeit geredet – das ist das Nachhaltigste, was es gibt.

BÜRKLE: Man spricht ja von Neuer Dichte – ist der Begriff zutreffend? Das Amt für Städtebau hat darüber eine Broschüre herausgebracht. Was sind denn die städtebaulichen Neuerungen? Was ist hier an der Europaallee anders als bisher in Zürich?

GMÜR: Ja, das ist richtig, man hat hier die Dichte nochmals erhöht. Es ist dichter als anderswo. Zürich wird nie wie Hongkong werden und das soll auch so sein. Es geht darum, die Dichte so zu definieren, dass Zürich als Zürich identisch und erkennbar bleibt.

BÜRKLE: Das Gebiet der Europaallee ist extrem verdichtet, und es gibt auch schon Kritik deswegen. Einigen ist das städtebaulich zu eng. Ist das eine berechtigte Kritik oder ist die Gewöhnung an andere Bebauungsformen ein normaler kultureller Prozess?

GMÜR: Ja, grundsätzlich macht Neues Angst. Es ist viel einfacher, das Neue kritisch zu hinterfragen oder abzulehnen, als dem Neuen eine Chance zu geben. Mein Votum für den Masterplan steht, er hat Grundlagen, die erlauben, dass das Grundstück ins Stadtgefüge passt und so ein Teil desselben wird. Die Europaallee wird Auswirkungen auf das sie umgebende Quartier haben, also auf den Kreis 4. Die bestehenden Straßen werden eine neue Bedeutung erhalten, der Weg vom Helvetiaplatz hierher wird ein anderer sein als bisher. Es wird neue Verbindungen, neue Achsen geben, die Wege werden an Qualität gewinnen. Davon gehen wir aus, wissen es aber noch nicht.
So wie sich die ehemalige Westtangente durch die Verkehrsberuhigung völlig verändert hat. Keiner konnte das vorhersehen und das ist das Interessante am Städtebau und der Architektur.

DUDLER: Wenn man die Typologien der mittelalterlichen Stadt anschaut, dann gib es dort auch diese engen Gassen und Plätze, diese Dichte. Wenn wir heute die Stadt weiterbauen wollen, halte ich es für richtig, solche Typologien aufzunehmen und zu transformieren, natürlich in einer anderen Dimension, in einer anderen Qualität. Ich glaube schon, dass man ablesen kann, dass unsere Architektur an der Europaallee die Physiognomie der Stadt Zürich aufgreift. Es gibt hier ja sehr unterschiedliche Strukturen, wenn man etwa den Dimensionssprung betrachtet, den Zürich im 19. Jahrhundert mit der Universität und dem Semperbau vollzogen hat. Das 19. Jahrhundert hat sehr prägende Elemente in der Stadt hinterlassen. Wichtig ist – wie Sie es gesagt haben –, dass Qualität entsteht.

BÜRKLE: Gibt es konkrete städtische Vorbilder? Woran haben sie bei Ihrer städtebaulichen Figur gedacht?

DUDLER: Es gibt schon Vorbilder. Aber die Bilder soll man am Ende nicht unbedingt sehen. Es geht auch um Typologien, um bestimmte Prinzipien, die die europäische Stadt kennzeichnen und die zum Teil schon bei römischen Stadtanlagen auftauchen. Ich glaube an eine schöpferische Kontinuität in der Architektur. Wie gesagt, wollen wir keine einzelnen Häuser bauen, sondern denken von der Stadt her. Bei unseren aktuellen städtebaulichen Projekten in der Schweiz geht es vorwiegend um Verdichtung. Es sind immer Ensemble, die um öffentliche Platzräume organisiert sind. In Meilen zum Beispiel entwickeln wir gerade eine Art urbane Stadtinsel. Oder das Ensemble an der Hagenholzstrasse in Oerlikon, in dem jetzt die Credit Suisse ist. Die vier Türme werden irgendwann fertig werden; und dann gibt es auch dort einen Stadtplatz mit Gassen, wie eine kleine Stadt in der Vorstadt. Das sind Typologien, die man nachvollziehen kann. Ganz einfache Strukturen, aber gerade darin liegt, meine ich, die Qualität.

Blick auf das Grundstück nach Abriss

GMÜR: Verdichten ist das Gebot der Stunde! Dichte ist immer in Verbindung mit Freiraum zu betrachten. Es wird eine große Herausforderung für Zürich, einerseits zu verdichten und andererseits den öffentlichen Raum zu sichern.

DUDLER: Völlig richtig.

GMÜR: Und dann stellt sich die Frage: Kann sich die Stadt das künftig noch leisten? Wir müssen neue Möglichkeiten suchen und zusammen mit den Investoren diese Freiräume sichern. Bei der Europaallee ist dies gut gelungen; die mittig durchgehende und an den Enden aufgespreizte Straße, welche ein Ende und einen Anfang hat, funktioniert sehr schön.
Was bedeutet dies für das Kasernenareal? Im Zusammenhang mit der Verdichtung ist der Freiraum – der alte Exerzierplatz – extrem wichtig.

DUDLER: Im Kreis 4 spürt man den Druck schon. Es gibt Diskussionen darüber, wie es weitergehen soll. Steigt der Druck auf das Quartier, dann steigen auch die Preise und dann fragt sich, ob die Durchmischung, welche die Wohn- und Lebensqualität des Stadtteiles ausmacht, erhalten bleibt. Aber das diskutieren wir in jeder europäischen Stadt, ob die Durchmischung erhalten bleibt, wenn ein neues Stadtviertel dazukommt. Steigen die Preise in den angrenzenden Vierteln oder profitieren diese, das ist immer die Frage.

BÜRKLE: Auch in dem neuen Quartier der Europaallee ist die Durchmischung eine zentrale Frage. Die Durchmischung ist eigentlich mitgeplant, sie könnte aber zu einer Gentrifizierung durch die hohen Preise führen, wie wir es in Zürich aus anderen Stadtteilen gut kennen.

GMÜR: Ja, das ist absolut richtig. Es wird zur großen Herausforderung der nahen Zukunft, die soziale Durchmischung Zürichs zu sichern. Schaffen wir es, genügend preiswerte Wohnungen zu erstellen? Zürich hat einen Vorteil gegenüber anderen Städten: 25 Prozent gemeinnützigen Wohnungsbau gewährleisten die Baugenossenschaften. Der politische Willen ist da. Es ist eine wichtige Aufgabe der Stadt, auch für den Mittelstand erschwingliche Wohnungen zu bauen. Es geht um die Sicherung preiswerter Wohnungen. Dies ist vor allem dort möglich, wo die Stadt Grundstücke besitzt. Nicht in der ganzen Stadt können preisgünstige Wohnungen angeboten oder gesichert werden. Möglich ist dies am Friesenberg oder im Kreis 5, dort besitzen die Genossenschaftsbauten Land. Aber es gibt Orte, wo uns das Land fehlt und dies nur bedingt möglich ist. Es gehört auch zu einer Stadt, dass sie sich aus verschiedenen Welten zusammensetzt.

BÜRKLE: Städtebauliche Dichte – ob es sich um soziale Dichte oder architektonische Dichte handelt – kann Urbanität erzeugen – oder auch nicht. Es ist keine feste Regel. Was muss ein Planer oder Architekt tun, damit eine qualitätvolle Urbanität wachsen kann?

GMÜR: Vieles von dem, was wir eben gesagt haben. Der öffentliche Raum ist wichtig, die Proportionen, die Erschließung der Wege und Netze. Bei der Planung der Europaallee war die Erdgeschossnutzung immer ein Thema. Man muss Strukturen schaffen, die das zulassen – und da ist auch der Architekt gefordert.

BÜRKLE: Also nicht den Fehler von Neu-Oerlikon wiederholen?

GMÜR: Ja. Wichtig ist, dass man alte Spuren bewahrt, wie die Sihlpost oder die Stellwerksbauten, diese sollten als Zeugen erhalten bleiben.
Wie schon gesagt, ist die Vernetzung oder Verortung des Gebiets wichtig. Hier sehe ich das Potenzial des Negrelli-Stegs. Er verbindet die Kreise 4 und 5 optimal miteinander. Es ist äußerst schade, dass dieses Projekt zurückgestellt wurde.

BÜRKLE: Es wird immer wieder betont, dass das Konzept nachhaltig ist. Was ist städtebaulich nachhaltig an der Europaallee?

DUDLER: Schon der Standort ist nachhaltig. Die Pädagogische Hochschule ist extrem gut angebunden. Ähnlich wie die UBS, ähnlich wie das Hotel, die Wohnungen und was sonst noch alles dort hinkommt. Das ist nachhaltig und wenn die Häuser noch die nächsten 100 Jahre überleben, wie zum Beispiel die alte Sihlpost, dann ist das sicher auch nachhaltig. Die Nachhaltigkeit wird immer wichtiger, das ist die Zukunft. In dem Zusammenhang ist auch die Durchwegung wichtig und das breite Angebot an städtischen Funktionen, dass es Läden gibt und Restaurants. Das ist für den sozialen Frieden wichtig und damit auch für die Nachhaltigkeit. Je mehr Funktionen an einem Ort angeboten werden, umso sozialer wird es. Davon bin ich mittlerweile völlig überzeugt. Die große Einkaufspassage unter der Pädagogischen Hochschule zum Beispiel ist von außen in ein Straßenbild mit vielen kleinen Läden eingebettet, sodass sich der Stadtraum entwickeln kann.

GMÜR: Die Frage der Nachhaltigkeit ist eine anspruchsvolle. So wie ich sie verstehe, geht es eher um Energie und Materialität. Herr Dudler hat es gut erläutert, der Schlüssel zur Nachhaltigkeit liegt in der richtigen Situierung, der richtigen Wahl der Nutzungen – am richtigen Ort. Besser angebunden als die Europaallee kann ein Gebiet gar nicht sein. In diesem Sinne ist es ein guter Beitrag auf der Ebene der sozialen Nachhaltigkeit.
Wo fühlt man sich wohl und welche Stadt gefällt einem? Dazu gibt es unzählige Bilder. Letztlich ist es richtig, dass man im Zentrum auch diese öffentlichen Funktionen belebt und fördert, unter anderem auch mit Läden.

DUDLER: Darüber ist dann aber wieder ein Campus. Das gehört dazu.

GMÜR: Das gehört dazu. Ich glaube, die Vorstellung von der Belebung der Stadt geht noch weiter. Hier haben wir die Pädagogische Hochschule und auf der anderen Seite, im Kreis 5, sind alle Berufsschulen des Kreises Zürich untergebracht. Es kommen also nicht nur 2000 Studenten der Pädagogischen Hochschule, es kommen noch viele mehr. Und es ist sinnvoll, das alles direkt am Bahnhof erschlossen ist. Das sind alles Bedingungen, die auf die Nachhaltigkeit Einfluss haben.

BÜRKLE: Wir haben ja schon darüber gesprochen, dass das Gebiet ausstrahlen wird, ob jetzt in finanzieller Hinsicht oder wie auch immer. Wie sehen denn die Planungen der Stadt aus, wird man ein solches Konzept wiederholen? Auf der anderen Seite des Bahnhofes ist es ja schon angedacht.

GMÜR: Das ist bereits angedacht. An der Zollstrasse soll das bestehende Quartier eingebunden werden. Hier haben wir die Chance, etwas Größeres zu planen. In vielen anderen Gebieten wird ebenfalls geplant und gebaut. Ein weiteres Beispiel ist das PJZ [Polizei- und Justizzentrum]. Mit dem positiven Entscheid für das PJZ können wir jetzt die Kasernen-

Historisches Stellwerk vor dem Bahnhof

Historisches Foto der Alten Sihlpost der Gebrüder Bräm, 1930

Perspektive des Campus aus dem Wettbewerbsbeitrag

Perspektive der Gasse aus dem Wettbewerbsbeitrag

Planung wieder angehen. Kanton und Stadt haben sich geeinigt, dass sie zusammen eine übergeordnete Planung vornehmen. Wir halten am Prinzip fest, dass Gebiete wie das Kasernenareal besonders sorgfältig entwickelt werden müssen.

BÜRKLE: Ich habe jetzt auch mehr gemeint, ob sich diese extreme Form der Verdichtung, die etwas programmatisch ist, in Zürich wiederholen wird?

GMÜR: Ja, es gibt verschiedene Gebiete, die sich für eine weitere Verdichtung durchaus eignen. Ein Beispiel ist Leutschenbach, wo das Büro Dudler auch einen Beitrag leistet. Da gibt es ein großes Potenzial, wir werden auch mit höheren Häusern verdichten.

DUDLER: Das halte ich auch für richtig, man muss entscheiden, wo man verdichten will. Man sieht das in Zürich West, einzelne Hochhäuser sind städtebaulich problematisch, dort werden gleich mehrere stehen, ein Ensemble. Dann wird es interessant, da wird einiges entstehen, eine Stadtinsel mit Hochhäusern.

GMÜR: Das ist auch die Haltung der Stadt. Wir wollen in diesem Gebiet die Hochhäuser fördern, also Leutschenbach forcieren. Es laufen große Planungen. Wir sehen in den Gebieten um den Bahnhof eine höhere Dichte. Es gibt Subzentren wie Oerlikon und Altstetten, mit direktem Bezug zum Bahnhof. Zürich wird die Stadt der kurzen Wege, damit wir der stetigen Verdichtung des Zentrums etwas entgegenwirken können. Es ist nicht die Verdichtung, die uns Sorgen macht, sondern der Verkehr. 500.000 Menschen werden künftig in Zürich ankommen. Die Frequenzen der Tramlinien können wir nicht mehr erhöhen, weil der Bahnhofplatz ein Nadelöhr ist.

BÜRKLE: Dann kommt doch noch das alte Thema, dass der Hauptbahnhof eines Tages an den Stadtrand verlegt werden muss, wo er ja einst stand.

GMÜR: Zumindest müssen wir jetzt die tangentialen Tramlinien oder die öffentlichen Verkehrsmittel fördern. Oder wir bauen eine Brückenüberquerung zwischen Hardbrücke und Bahnhof.

BÜRKLE: Warum heißt das neue Gebiet eigentlich Europaallee? Eine Erinnerung an Eurogate?

GMÜR: Das ist jetzt eine Frage …

DUDLER: Das war eine Ausschreibung irgendwie …

GMÜR: Zürich ist eine internationale Stadt, wenigstens in der Schweiz ist es wohl die internationalste. Es ist wichtig und richtig, dass wir eine weltoffene Stadt sind. Es gibt 210 Ethnien und Länder, die in Zürich vertreten sind und hier leben. Insofern ist der Name in diesem Sinne auch ein Bekenntnis zur Weltoffenheit.

BÜRKLE: Herr Gmür, Herr Dudler – vielen Dank für das Gespräch.

Blick vom kleinen Hof der Kita zum Glaskubus

Kleiner Hof der Kita

POST

Städtebau und Dichte – Die Pädagogische Hochschule Zürich

Alexander Bonte
Architekt und Autor

Die Wirkung von Bauwerken entzieht sich der Reproduktion in Worten und Bildern. Unsere komplexe Wahrnehmung von Räumen, von Raumfolgen, das Zusammenspiel der Proportionen, Materialien, Oberflächen und der Fall des Lichts: All das, was wir im Angesicht einer Architektur gewahr werden, ist nicht so einfach übersetzbar. Dies gilt umso mehr für eine Anlage, die allein schon durch ihre Größe nicht mehr in einem einzelnen Bild zu bannen ist – ein Umstand, der uns bei der Konzeption dieses Buches sehr bald schmerzhaft bewusst wurde. Aber es gehört eben auch zu den besonderen Eigenschaften dieser Architektur, die Max Dudler für das Areal an der Zürcher Lagerstrasse entworfen hat, dass sie nicht einfach als Objekt wahrgenommen werden kann, sondern immer zugleich schon als Beziehung zu etwas: zu einer Raum- oder Platzfolge, zu dem umgebenden Stadtraum und nicht zuletzt zur Geschichte – der Geschichte der Stadt Zürich und der Geschichte der europäischen Stadttradition.
Die Annäherung an dieses neue Quartier der Stadt Zürich gerät darum immer auch zu einer Rückbesinnung. Diese Architektur will Schritt für Schritt erschlossen werden. Bild für Bild. Jedes Einzelne wird zum Ausschnitt einer Stadtidee, ein Erkennen, aber auch ein Wiedererkennen: denn in den Straßen, Gassen, Treppen, Passagen und Plätzen, aus denen das Ensemble der Pädagogischen Hochschule zusammengewoben ist, steht uns das voll entwickelte Panorama einer europäischen Städtebaukunst gegenüber.
Wie entfernte, aber vertraute Anklänge sind in der Figur an der Lagerstrasse Bilder aufbewahrt, die in uns Erinnerungen an typische urbane Situationen wachrufen. In einem Moment meinen wir vielleicht, Triest vor uns zu haben, wo jede landeinwärts gerichtete Gasse in einer Treppe zu enden scheint. Dann wieder sehen wir die Souveränität des metropolitanen Maßstabs von Städten wie Madrid, Paris oder Mailand vor uns ausgebreitet. In der Logik und Präzision der Fügung der Elemente ebenso wie in dem Gefühl für Material und Proportion erkennen wir die Meister der Schweizer Frühmoderne und ihre Bauten, etwa die Walche der Gebrüder Pfister oder, naheliegender, die Architektur der Gebrüder Bräm, von denen das wunderbare Gebäude der Sihlpost an der Kasernenstraße stammt. Dudlers Architektur selbst aber hat das Feld dieser Bilder wieder verlassen. Seine Schöpfungen folgen nicht den Regeln der Bilder, sondern ihren eigenen architektonischen Konsequenzen. Gerade in diesem Reinigen der Bilder, der Reduktion der Architektur auf ganz wenige Elemente, liegt vielleicht der entscheidende Beitrag des Architekten. Mit wenigen durchdachten Mitteln ist ihm an der Europaallee etwas gelungen, das heute nur sehr wenige beherrschen: Er hat ein glaubwürdiges Stück Stadt neu errichtet. Urbanität.

Vom Gestaltungsplan zur Architektur

Dem Großvorhaben Europaallee liegt ein städtebaulicher Gestaltungsplan zugrunde, der auf eine Konzeption eines Teams um Kees Christiaanse zurückgeht. Der Gestaltungsplan legt die Bauperimeter fest, ihre Erschließung, die Bebauungsdichte, -art und -höhe. Die Baufelder A, C und E bilden darin zusammen eine dreieckige Figur, die sich ausgehend von der alten Sihlpost an der Kasernenstrasse zwischen Lagerstraße und einer neuen diagonal verlaufenden Strasse spannt, welche heute den Namen Europaallee trägt. Max Dudler konnte den Wettbewerbsentscheid zur baulichen Gestaltung von Baufeld A und C für sich entscheiden. Es war der erste Wettbewerb zur Europaallee. Es ging um das weitaus größte Areal des Projekts. Das Filetstück. Die hier gefundenen Lösungen sind richtungs-

Treppe in Caltagirone, Italien

Schwarzes Café, Frankfurt

weisend für alle folgenden Wettbewerbe geworden. Rhythmus, Körnung, Anmutung – der Grundakkord wurde hier angeschlagen. Der Einfluss war so stark, dass beschlossen wurde, für zwei Häuser des Baufeldes C die Architekten Gigon Guyer und David Chipperfield hinzuzuziehen, um dem Vorwurf zu begegnen, die Europaallee wäre eine Dudler-Stadt. Mit Sicherheit lässt sich aber behaupten, dass der Architekt mit der pädagogischen Hochschule und den Häusern von Baufeld C ein Hauptwerk seines städtebaulichen Denkens geschaffen hat.

Zwischen Architektur und Städtebau

Der heutige Rang Dudlers als Urbanist zeichnet sich schon in den frühen Arbeiten des Büros ab. In jedem Entwurf ist das Bestreben zu erkennen, die Stadt als Ganzes in den Entwurf miteinzubeziehen. Selbst in kleinsten Formen, wie etwa dem Schwarzen Café in Frankfurt am Main aus dem Jahr 1986, wird der Café-Raum zur Fortführung der Straße. Mehr noch, der Café-Raum selbst ist konzeptuell als Gasse vorgestellt, in Analogie zum Stadtraum. Das Motiv der Gasse wird zur architektonischen Metapher, die den Entwurf organisiert und zugleich Innen und Außen wie Mikro- und Makrokosmos miteinander in Beziehung setzt. Immer wieder hat Dudler auch auf die Bedeutung der verschiedenen Ebenen einer Stadt hingewiesen. Die Ebene des Erdgeschosses, die ersten fünf Meter – also die Ebene der Cafés, die unmittelbar den Fußgängern zugewandte Ebene – ist sozusagen der natürliche Ausgangspunkt einer Tour d'Horizon seines städtebaulichen Denkens.
Wenige zeitgenössische Architekten haben sich wie Dudler in ihren Entwürfen derartig systematisch mit den Themen der Stadt auseinandergesetzt. Es scheint, als würden einzelne Ideen sukzessive auf ihren Gehalt untersucht, in den Varianten durchgespielt und für verschiedene Aufgaben, bezogen auf den jeweiligen Ort, erprobt. Manchmal ist der Ort der Auslöser eines Entwurfs, häufiger wirkt der Ort eher wie ein Katalysator einer Idee, die sich unter den besonderen Bedingungen erst voll ausbilden kann. Gelegentlich hat man auch den Eindruck, dass eine bestimmte Lösung mehrerer Anläufe bedarf, um zu einer endgültigen Form zu finden. Dudlers Werk eröffnet dadurch den Ausblick auf eine nunmehr Jahrzehnte andauernde Beschäftigung, die fast die Form einer städtebaulichen Sprache angenommen hat. Für den Entwurf zur Pädagogischen Hochschule wenigstens sollen hier einige prägende Elemente mit ihren Entwicklungslinien dargestellt werden.

Vier Entwürfe zur Stadt

Aus dem Büro Dudler stammen vier städtebauliche Projekte, die alle ein sehr ähnliches Thema bearbeiten. Vier Mal geht es darum, ein neues Quartier in eine bestehende Situation zu integrieren. Jedes Einzelne der vier Projekte hat einen fast prototypischen Kontext: Die »Urbane Insel« in auf dem Giessen-Areal in Meilen liegt an einem landschaftlich schönen Hang am Zürichsee. Das Hochhausensemble an der Hagenholzstrasse in Zürich-Leutschenbach/Oerlikon befindet sich auf einem typischen Areal der städtischen Peripherie, die Wohnüberbauung Rosengarten in Arbon steht auf einem Grundstück an der Grenze zur historischen Stadt und die Pädagogische Hochschule schließlich hat ein genuin innerstädtisches Grundstück. Alle Entwürfe [mit Ausnahme des Rosengartens in Arbon] basieren auf dem gleichen Grundmodel, einem quadratischen Feld aus 3 x 3 Feldern. Für Dudler scheint dieses Schema [ähnlich dem ebenfalls aus neun Feldern zusammengesetzten, palladianischen Villenschema] der Grundmodus seines städtebauli-

Wohnüberbauung Rosengarten Arbon, Luftbild

Rosengarten mit Hauseinheiten

Wohnüberbauung Rosengarten, Fassadendetail

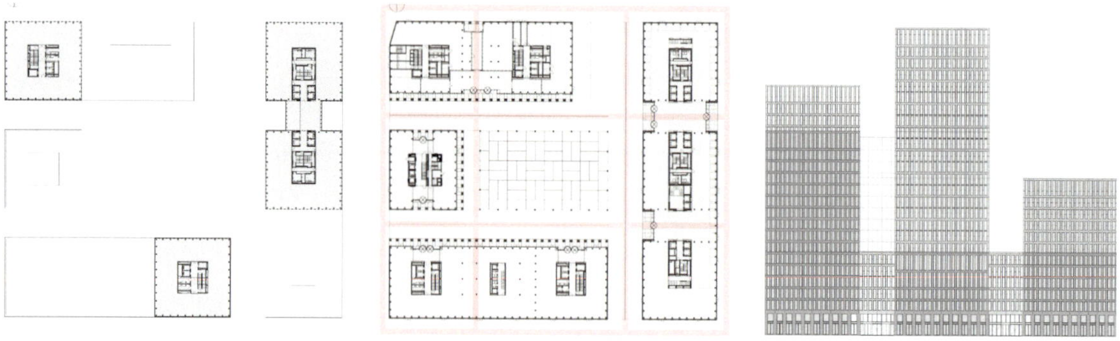

Hochhausensemble Hagenholzstrasse
Links:
Regelgeschoss
Mitte:
Erdgeschoss mit Proportionsstudie
Rechts:
Ansicht

Hochhausensemble Hagenholzstrasse
Simulation

Alexander Bonte

chen Denkens zu sein. Das römische Castrum, das für so viele europäische Städte zur Blaupause wurde, hatte eine ähnlich stringente Grundform [2 x 2 Felder]. Auch die Renaissance hat solche Ordnungsraster aufgegriffen und sie zu idealen Städten überhöht. Albrecht Dürers Idealstadt aus dem Jahr 1527 etwa zeigt fast dasselbe Muster: Ein Quadrat mit quadratischem mittlerem Platz. Doch wie auf dem Geviert des hölzernen Castrums in einem Jahrhunderte andauernden Prozess sich charakteristische Stadtphysignomien ausgeprägt haben, unterzieht Dudler sein Grundraster mehreren morphologischen Transformationen. Betrachtet man die vier Projekte nebeneinander, meint man geradezu dem Architekten bei der Arbeit zuzusehen.

Der Architekt bei der Arbeit

Ganz im Gegensatz zum Städtebau der Pädagogischen Hochschule in Zürich wirkt das Hochhausensemble an der Hagenholzstrasse in seiner Konzeption so radikal einfach, dass man die Disposition schon auf den ersten Blick vollständig zu begreifen glaubt. Max Dudler hat erklärt, dass das New Yorker Rockefeller Center von 1929 Vorbild gewesen sei. Wie das Rockefeller Center wurde die Hochhausgruppe an der Hagenholzstrasse als Ensemble entworfen, deren Platzräume den gleichen Rang haben, wie die Objekte selbst. Noch mehr als beim Rockefeller Center ordnet sich die Architektur der städtebaulichen Figur unter. Die Fassaden des gesamten Ensembles sind auf ganz wenige, sorgfältig formulierte Details reduziert. Die Figur erscheint dadurch fast monolithisch, wie eine Skulptur. Das städtebauliche Layout beruht offensichtlich auf einem Raster aus 3 x 3 Feldern, wobei das Zentrum durch einen rechteckigen Platz eingenommen wird. Auf der westlichen Seite sind drei Felder verbunden. Auf zwei dieser Felder gehen zwei unterschiedlich hohe Hochhäuser auf. Dieses Doppelhochhaus bildet den »Rücken« der Figur. Zum Bahnhof Oerlikon sind jeweils zwei Felder im Norden und Süden zusammengefasst, von denen auf einem Feld weitere unterschiedlich hohe Hochhäuser aufgehen. Um eine kleine Störung im System zu erzeugen, ist das nördliche Haus vom Doppelturm um ein halbes Feld abgerückt. Das verbleibende Feld im Osten besetzt ein kleineres Geschäftshaus. Im Aufriss zeichnet sich eine Dreiteilung ab: Ein Sockel, der durch die unteren beiden Geschosse gebildet wird und der zum Platz hin dreiseitig von Kolonnaden betont ist – die Ebene der Fußgänger. Darüber ein Bauvolumen, das bei allen vier Einzelgebäuden übergreifend eine Traufkante hält: die Ebene der [umgebenden] Stadt, das Fleisch, die solide Textur jeder Stadt. Und wiederum darüber eine Hochhauskrone, die sich als Silhouette schon vom Flughafen aus abzeichnet. Wie eine minimale Mathematik entsteht mit fast spielerischer Leichtigkeit eine städtebauliche Skulptur, an der nichts zufällig ist und nichts beliebig. Man kann nur vermuten, dass es gerade die indifferente Erscheinung der peripheren Agglomeration war, die dieses Höchstmaß an Präzision, Einheit und Klarheit provoziert hat. Im Angesicht des vor Ort anzutreffenden Konglomerats von Autohäusern, Sportplätzen, Eisenbahntrassen und kleinteilig vermischten Wohnüberbauungen und Dienstleistungsclustern brauchte es offenbar eine Struktur, die alles ausrichtet und als signifikante Skulptur den Ort prägen kann.

Verdichtung

Auf den ersten Blick hat die »Urbane Insel« auf dem Giessen-Areal in Meilen wenig mit dem Hochhausensemble zutun. Es handelt sich um eine Wohnüberbauung mit insgesamt 34 hochwertigen Eigentumswohnungen. Man kann die kleine Siedlung

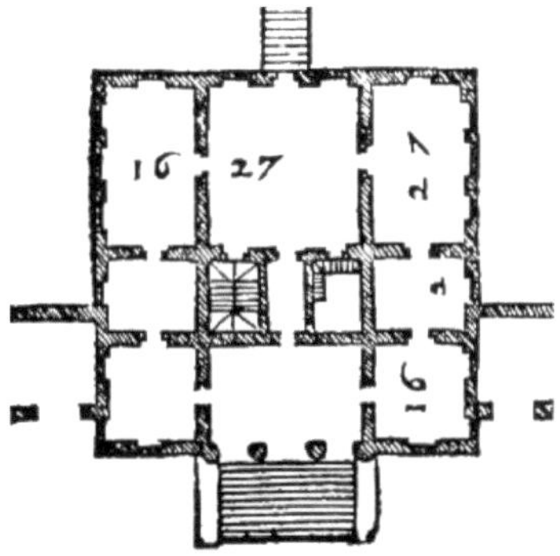

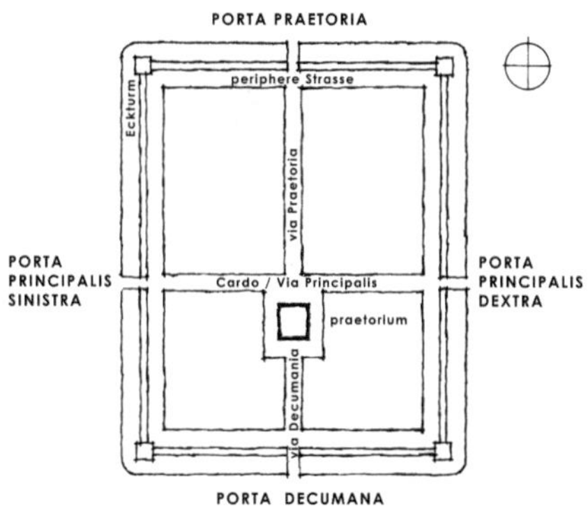

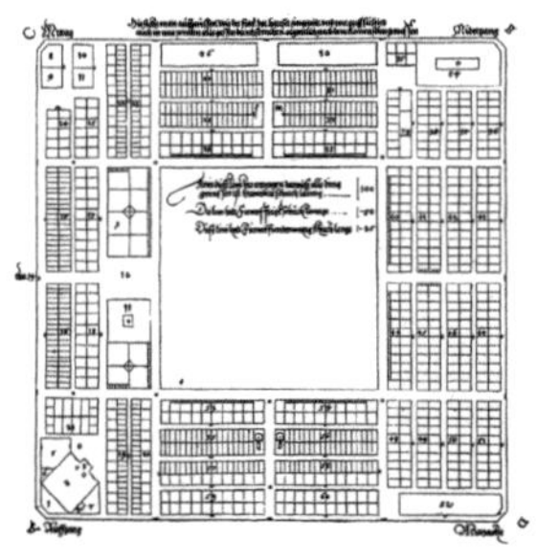

Oben:
Palladianisches Villenschema, Andrea Palladio, Villa Emo, 1564
Mitte:
Paradigmatische Form des römischen Castrums
Unten:
Albrecht Dürer, Quadratische Idealstadt, Entwurf, 1527

als Dudlers Beitrag zur Frage werten, wie dem Problem der immer weiter fortschreitenden Zersiedlung begegnet werden kann: durch Dichte, Urbanität – und, was hier keinen Widerspruch darstellt – exklusive Privatsphäre. Wie beim Hochhausensemble sind alle Wohneinheiten auf einem schmalen rechteckigen Geviert verdichtet, welches – wie der Name schon nahelegt – inselartig in die reizvolle Landschaft am Zürichsee gelagert ist.
Interessant ist, dass dem städtebaulichen Plan trotz der ganz anderen Anmutung das gleiche Schema zugrunde liegt. Um kleinere Einheiten zu erzielen, sind die 3 x 3 Felder hier aber noch einmal halbiert. Schachbrettartig [mit einer Spiegelsymmetrie entlang der Mittelachse] sind die Häuser auf den Feldern verteilt. Zwei Ideen, die unmittelbar aus dem Ort abgeleitet sind, bestimmen die weiteren morphologischen Transformationen der Figur: der Hang, von dem die Idee der Terrassierung der Anlage abgeleitet ist, und der Blick auf den Zürichsee, der mit der Einführung von Diagonalen verarbeitet wird, die von jedem Fenster aus einen »perspektivisch« gerahmten Blick auf den See eröffnen. Im Grunde haben also nur drei Operationen diese einprägsame Form zur Folge. Das Zentrum der Siedlung wird wiederum durch einen Platz eingenommen, der hier allerdings im Duktus der städtebaulichen Gliederung zweigeteilt ist in einen kleinen, mit Platanen bepflanzten Dorfplatz und einen darüber liegenden Spielplatz. Der Plan der »Urbanen Insel« überträgt gewissermaßen das Bild eines Dorfes in eine zeitgenössische städtebauliche Form. Obwohl sich die Architektur stark auf den landschaftlichen Charakter des Ortes ausrichtet, steht die abstrakte geometrische Grundfigur in einer dialektischen Spannung zur Landschaft, ganz so, wie das Hochhausensemble als kleine Stadt in der Stadt aus seinem Kontext ragte.

Innerstädtische Verdichtung
Auch den Planungen für die beiden Baufelder A und C der Europaallee hat Dudler sein Neunfeld-Raster zugrunde gelegt. Das Ensemble der Pädagogischen Hochschule etwa hat wie die Hagenholzstrasse einen Rücken aus drei Feldern und ein Gebäude, das nur ein Feld einnimmt. Allerdings ist es hier das große gläserne Hauptgebäude der Pädagogischen Hochschule, welches mit 40 Metern das ganze Areal überragt. In Dudlers bestechend konsequenter Entwurfslogik berühren die morphologischen Modulationen in dieser innerstädtischen Lage auch die Figur des Gevierts: Die Grundform erscheint wie von der Lagerstrasse und der Europaallee angeschnitten. Das Gebäude der alten Sihlpost wirkt, als wäre es Teil der Figur. Der Raster des Plans ist auch geometrisch nicht gleichmäßig. Wohl in Referenz zur nahen historischen Stadt hat Dudler die Akkuratesse des Schemas gewissermaßen gebeugt. Die Logik der Figur erscheint weicher, moduliert. Wieder zeichnet sich eine Sockelebene – diesmal als Einschnitt – in der Figur ab. Eine Dachkante formuliert die Ebene der städtischen Textur. Der darüber liegende Abschluss der klassischen Dreiteilung ist in Teilen zurückgestaffelt. Der Maßstab des Blocks wird dadurch noch einmal kleinteiliger, die Figur wirkt plastisch durchgeformt und auf den Kontext bezogen. Ein zentrales Problem des Entwurfs, nämlich das enorme Bauvolumen, welches auf dem Perimeter gefordert war, in die Stadt einzufügen, wird so gelöst.
Der entscheidende Kunstgriff des Ensembles besteht aber in der Idee, den Campus der Hochschule als öffentlichen Platz auszubilden. Das klingt zunächst wie eine Banalität. Eine Selbstverständlichkeit. Alle Konkurrenten des Wettbewerbsverfahrens hatten die Hochschule aber als Cluster, wie in den 1970er Jahren, interpretiert, mit internen überdeck-

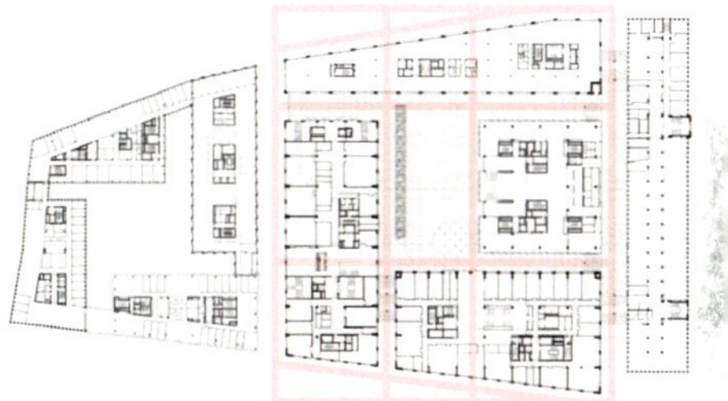

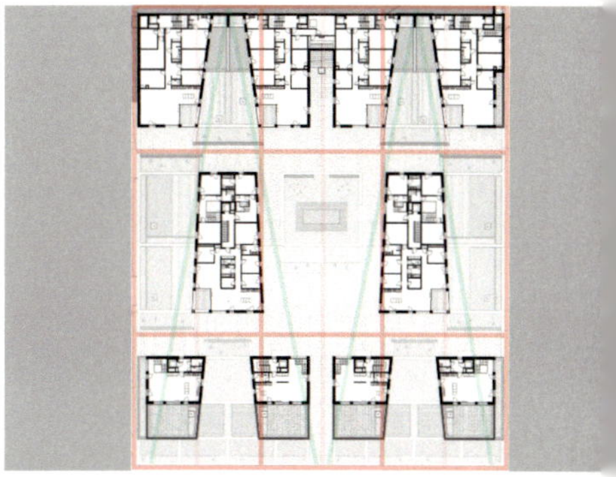

Oben:
Pädagogische Hochschule Zürich, Proportionsstudie
Mitte:
Urbane Insel, Giessen Meilen, Modell
Unten:
Urbane Insel, Grundriss Regelgeschoss, Proportionsstudie

ten Verbindungen. Dazu gehört auch eine Passage mit großen Einzelhandelsflächen, die Teil des Bauprogramms war und eine kurze Verbindung zwischen Bahnhof und Lagerstrasse schaffen soll. In der Konsequenz hatten die anderen Teilnehmer des Verfahrens das Bauvolumen in einen für Züricher Verhältnisse riesenhaften Block verpackt, welcher für Außenstehende kaum zugänglich gewesen wäre. Es ist Dudlers beharrlichem Festhalten an der räumlichen Konsequenz der europäischen Stadttradition zu verdanken, dass es anders gekommen ist. Dudlers Lösung besteht darin, den Campus als Platz über das Niveau der umgebenden Stadt anzuheben, um darunter den Raum für die Einkaufspassage zu schaffen. Dadurch bleibt die räumliche Kontinuität der Stadt erhalten. Der zentrale Platz ist über großzügige Treppen zugänglich, welche einerseits durch eine gewisse Schwellenwirkung den Raum der Hochschule anzeigen, zugleich aber wie jede Freitreppe eine Neugier auf den dahinter liegenden Raum erzeugen. Durch dieses einfache, zum klassischen Repertoire der europäischen Stadt gehörende Motiv bändigt Dudler nicht nur die Schwierigkeiten des Programms: die Komplexität der ineinander verwobenen Räume erscheint auch als Konsequenz einer urbanen Kultur der Vielfalt und Dichte. Die Architektur der Pädagogischen Hochschule wirkt dadurch gewissermaßen introvertiert. Sie eröffnet sich in ihrem Reichtum erst Schritt für Schritt mit dem Betreten des Inneren. Der große Glaskubus des Hauptgebäudes allerdings ist schon von weitem in der Stadt zu sehen. Er steht fast wie ein kubisches Kuppelbauwerk über der Stadt. Ganz selbstverständlich knüpft die städtebauliche Konzeption auf diese Weise auf allen möglichen Ebenen Beziehungen zur Stadt. Die erstaunliche inhaltliche Dichte, die diese im Grunde überschaubaren Modulationen des Modells hervorbringt, entspricht somit auch der tatsächlichen, in den Gassen des Gewebes fast greifbaren Dichte.

Städtische Fassaden

Die Fassade der Zentrumsüberbauung Rosengarten ist sehr eng mit der Lösung für Meilen verwandt. In beiden Fällen ist Dudlers Absicht erkennbar, die ruralen Motive, welche das Umfeld prägen, in seine zeitgenössische Sprache zu integrieren. Eine Fassadenkonstruktion aus großformatigen, geschliffenen Platten aus Kunststein ist zu einer Art Gerüst gefügt. Entsprechend den die Architektur prägenden fundamentalen Kräften, dem Lasten und dem Tragen, besteht diese Konstruktion nur aus zwei Elementen: einem Balken und einer Stütze, die zu einem minimalistischen Verband gefügt sind. Diese Rahmen erhalten Ausfachungen aus einem Bruchsteinmauerwerk in wildem Verband [Meilen] bzw. aus großformatigen Platten aus eingefärbtem Beton, welche Abgüsse von gebrochenem Naturstein aus einem Steinbruch zeigen. Die Ausfachungen werden jeweils durch raumhohe Holzfenster mit textilem Sonnenschutz aufgebrochen. Der Bruchstein [Meilen] als rurales Motiv wird somit mit einer modernen Konstruktion kombiniert. Im Detail setzt sich damit die konzeptuelle Logik des städtebaulichen Entwurfs fort, der im Fall der »Urbanen Insel« darin besteht, ein Dorfmotiv in eine heutige Form zu übertragen. Trotz der Sparsamkeit der verwendeten Mittel ist es also auch eine sprechende Fassade.
Der direkte Vergleich mit den Fassadenlösungen im Ensemble der Pädagogischen Hochschule zeigt, dass Dudler hier mit den gleichen Prinzipien und fast den gleichen Elementen einen völlig anderen Charakter erzeugt hat, ganz ähnlich wie in Bezug auf das städtebauliche Modell:
Die urbane Kultur der Renaissance hat das mittelalterliche Bossenwerk aus dem Wehrbau in reprä-

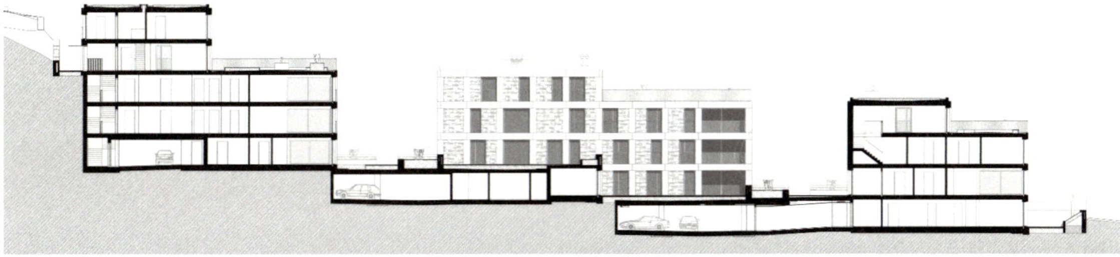

Urbane Insel,
Längsschnitt durch die terrassierte Anlage

Urbane Insel, Perspektive

Bossenwerk, Biagio Rossetti, Palazzo dei diamanti, Ferrara, 1492

sentativer Absicht zu einer Wandgliederung nobilitiert. Diese ornamentale Überhöhung eines Mauerwerkverbandes hat Dudler als genuin urbanes Motiv zum Vorbild der Formensprache der Fassade der Pädagogischen Hochschule ausgewählt. Wie in den bossierten Wänden eines Alberti gliedern tiefe, steinern hinterlegte Fugen die großen Fassadenelemente aus hellem Muschelkalk [Trosselfels], in welche ebenfalls sehr große Kastenfenster aus Glas eingesetzt sind. Die hinterlüfteten Kastenfenster erlauben es, den textilen Sonnenschutz und die Fensterflügel bei jeder Witterung auch im Hochhausbereich und zur Nachtauskühlung immer zu nutzen. Das äußere Fensterelement fasst zugleich die innere, kleinteilige Gliederung durch ein großes Element zusammen. Die Fassade des Hauptgebäudes besteht sogar ausschließlich aus diesen Kastenfensterelementen. Das Gleichmaß des in großzügigem Rhythmus die Volumen umspannenden Fassadenmotivs strahlt eine große Ruhe und Einheit aus. Durch ein gezieltes Changieren in Proportionen und Materialien erscheint das Ensemble im Zusammenklang jedoch als durchaus vielgestaltiges, niemals monotones Ganzes.

Taktile Architektur

Nach Walter Benjamin werden Bauten auf doppelte Art rezipiert: durch Gebrauch und durch Wahrnehmung oder taktil und optisch »Die taktile Rezeption erfolgt nicht sowohl auf dem Wege der Aufmerksamkeit als auf dem der Gewohnheit. Der Architektur gegenüber bestimmt diese letztere weitgehend sogar die optische Rezeption. Auch sie findet von Hause aus viel weniger in einem gespannten Aufmerken als in einem beiläufigen Bemerken statt«. Nicht in der urteilenden Betrachtung und Einordnung, wie wir sie gerade betrieben haben, erfolgt also die Wahrnehmung von Architektur, sondern beiläufig, taktil. Gerade hier zeigt Dudlers Verfahren der Reduktion und Vereinfachung seine große Stärke. Insbesondere die dadurch gewonnene Klarheit in Form und Material macht die Gebäude für eine taktile Rezeption so empfänglich. Seine Häuser drängen sich nicht auf, sie sind konkret, anwesend, sinnlich. Ruhe geht von ihnen aus.

»Gebäude müssen so konzipiert sein, dass sie Generationen überdauern« hat Dudler einmal gesagt » – und damit meine ich nicht ausschließlich ihre physische Beständigkeit. Ich spreche davon, dass ein Gebäude über viele Jahrzehnte, über Jahrhundert hinweg ästhetisch zu überzeugen vermag – eben darin liegt seine Qualität.«

Freitreppe im Hauptgebäude

Großes Auditorium

POST

Lernmedien-Shop

Lernzentrum | Schließfächer | Treppenhaus | Erschließungskern

ABFALL

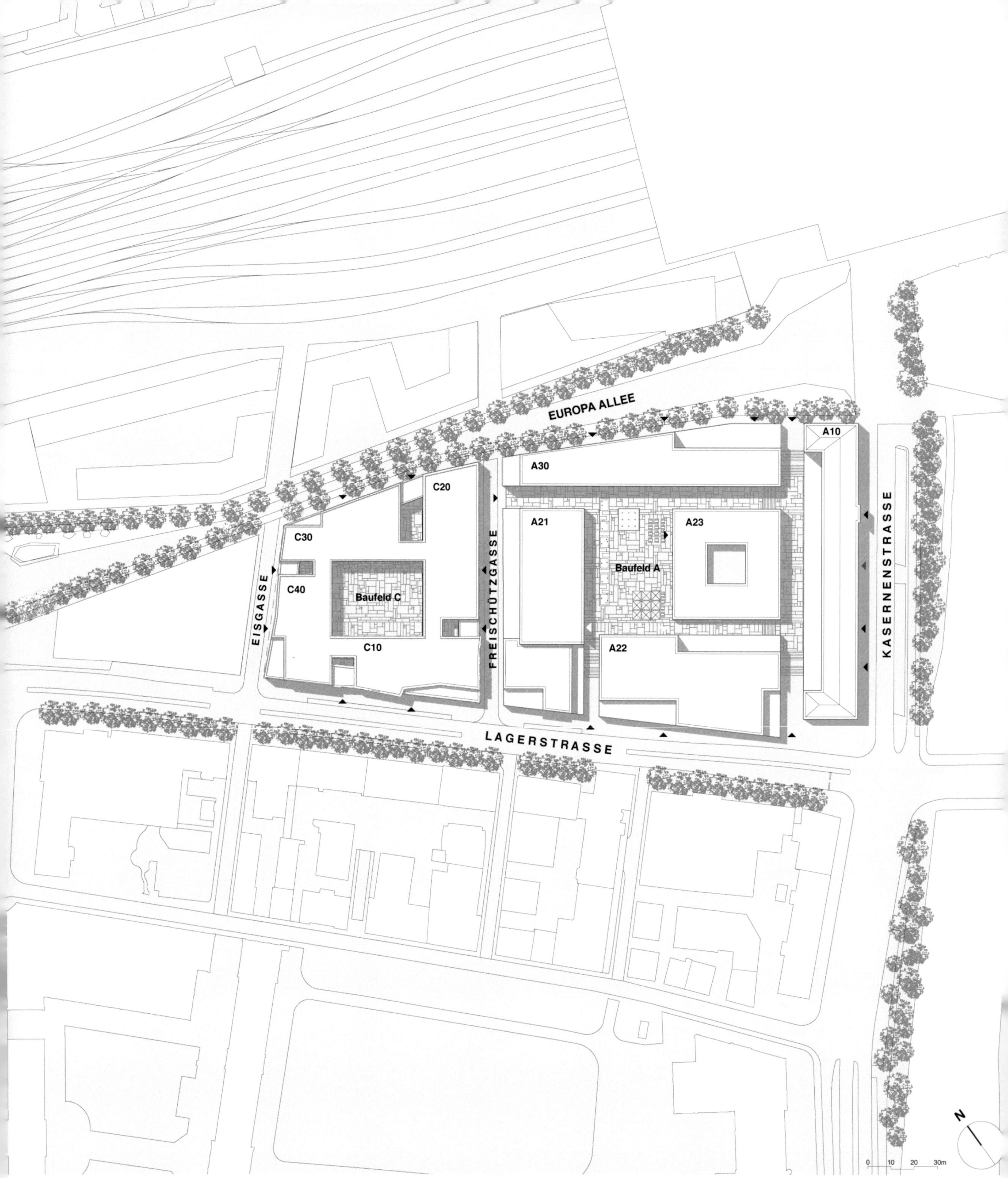

EUROPA ALLEE
C20
C30
C40
Baufeld C
C10
EISGASSE
FREISCHÜTZGASSE
A30
A10
A21
A23
Baufeld A
A22
KASERNENSTRASSE
LAGERSTRASSE
N
0 10 20 30m

Zeichnungen

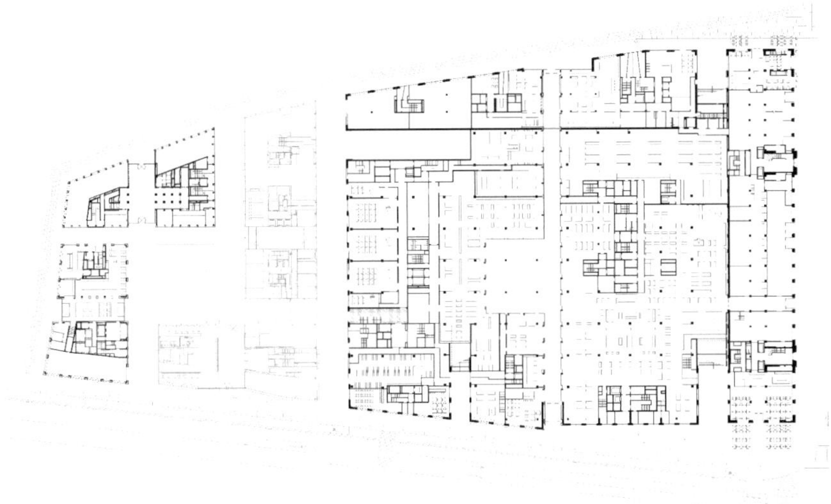

Grundriss Mall-Ebene

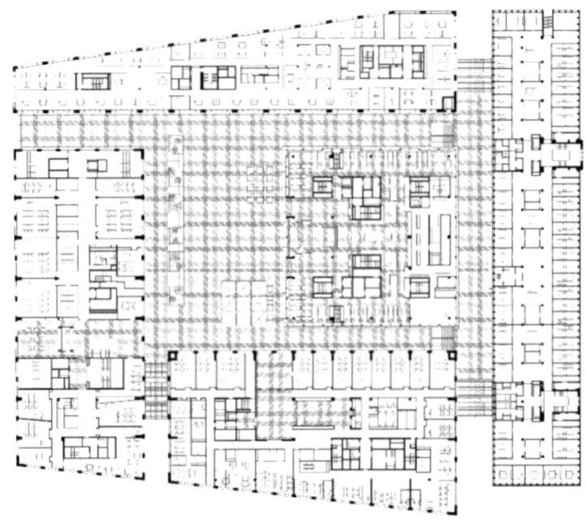

Grundriss Platz-Ebene

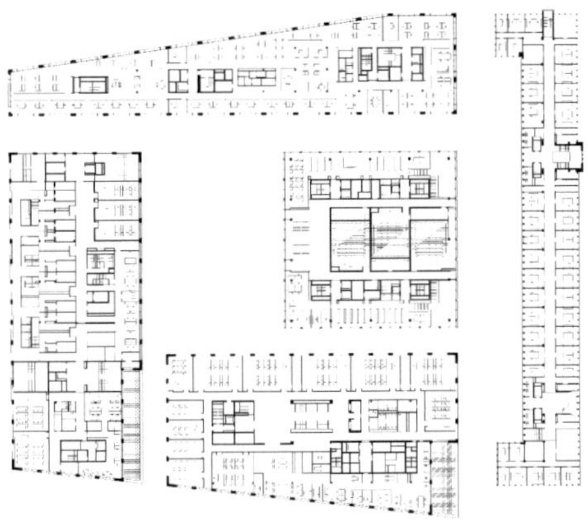

Grundriss 5. OG

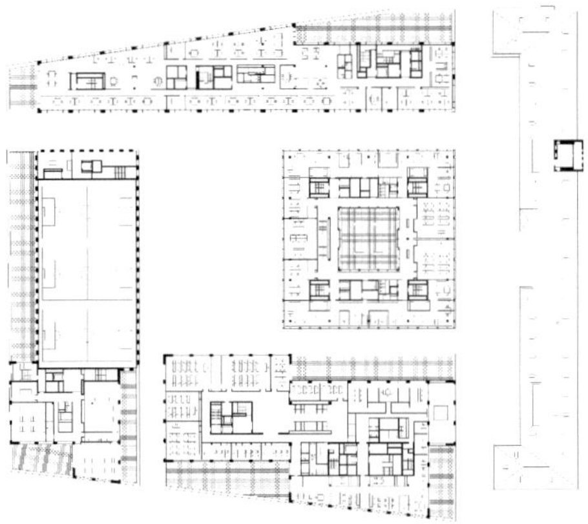

Grundriss 8. OG

Zeichnungen

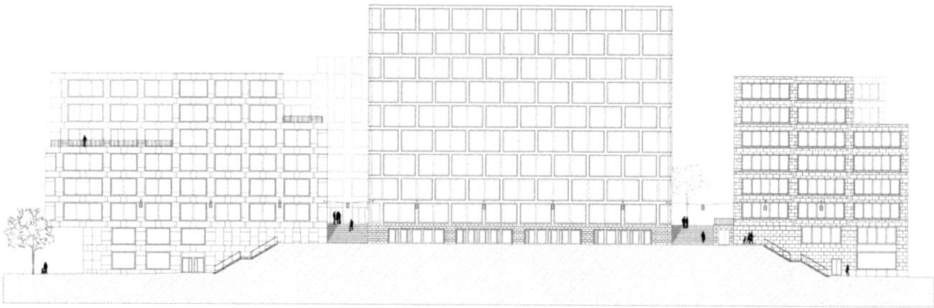

Ansicht Gasse

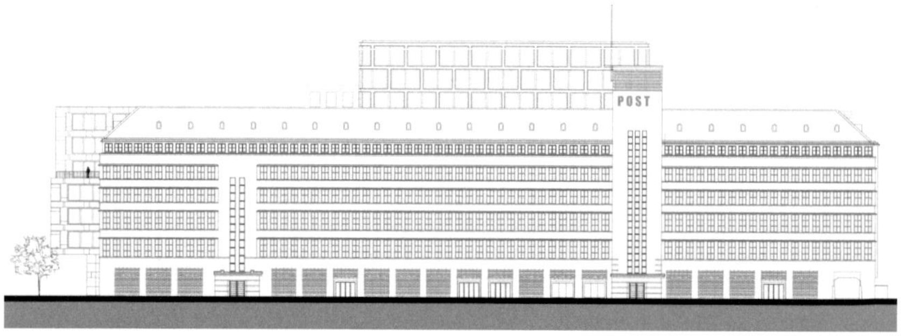

Ansicht Kasernenstrasse

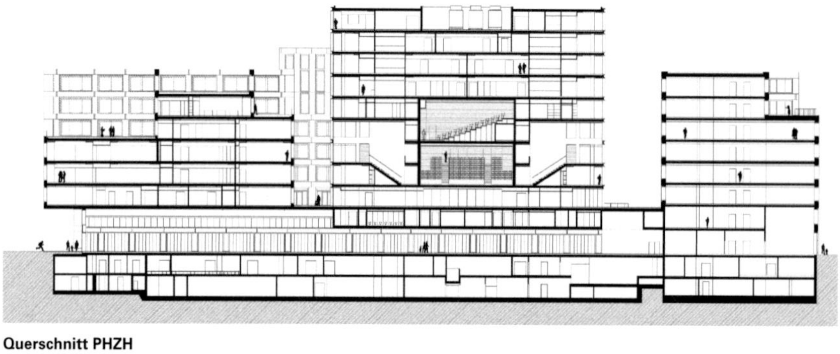

Querschnitt PHZH

Ansicht Europaallee

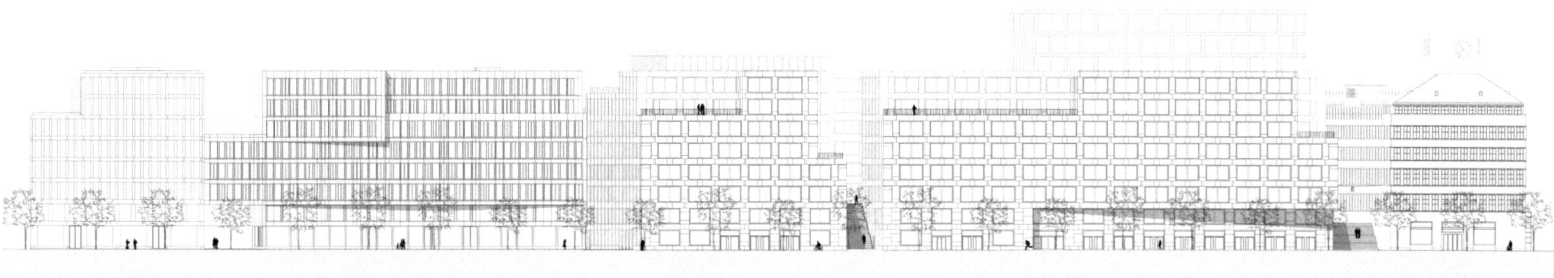

Ansicht Lagerstrasse

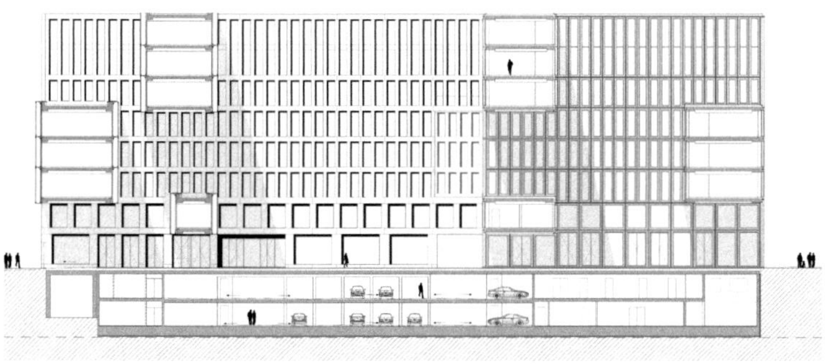

Querschnitt Baufeld C

Längsschnitt durch das Ensemble mit den neuen Ebenen der Stadt

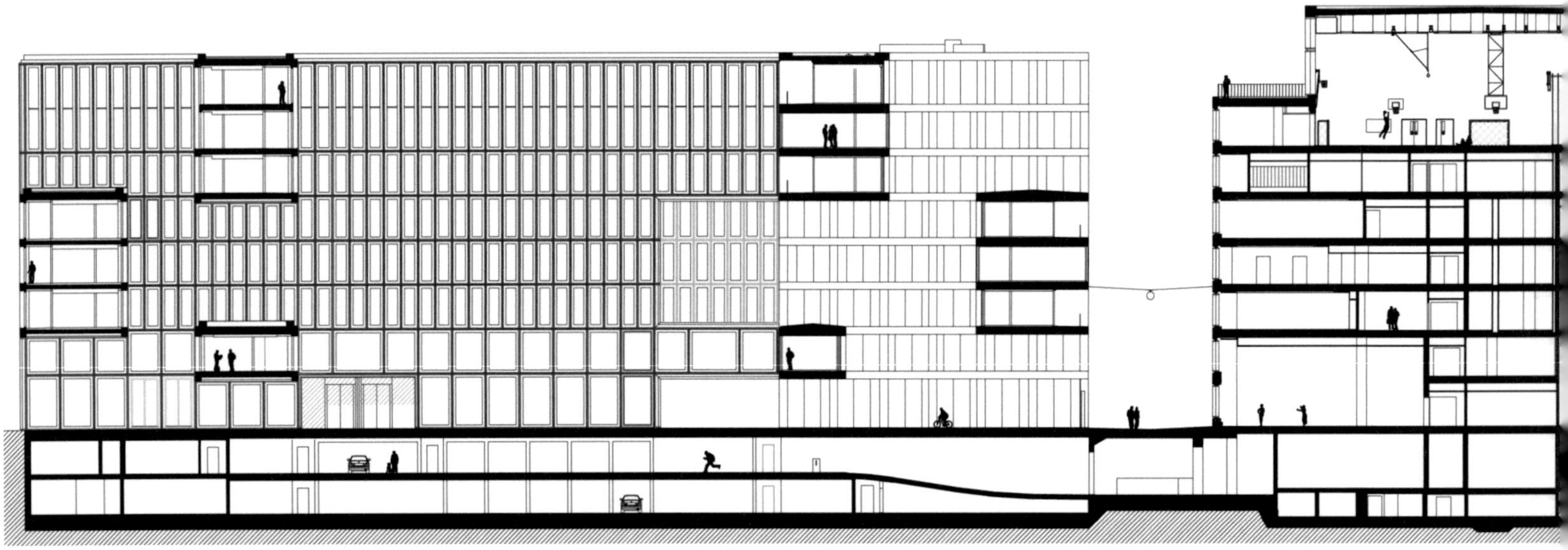

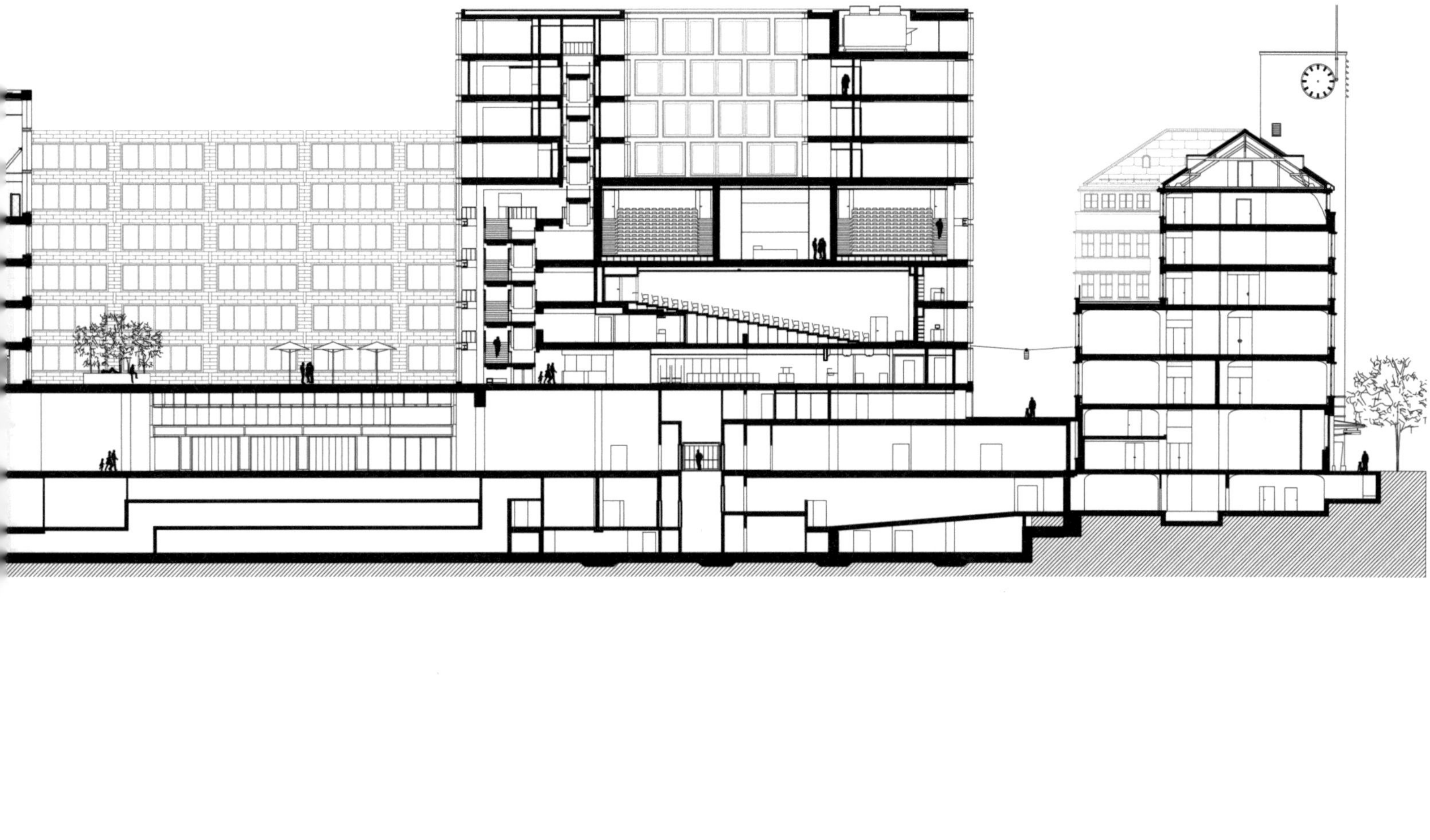

Index

zur Pädagogischen Hochschule Zürich

Ökologie: Siedlungsflächen auf dem Dach der PHZH

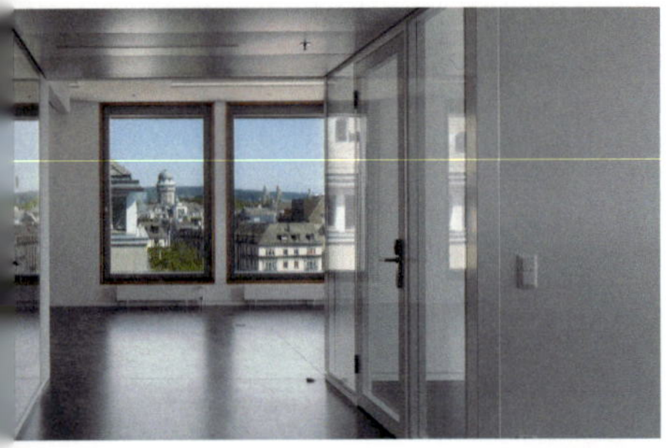

Gruppenbüro

Informationszentrum

Adresse
Lagerstrasse / Europaallee, CH-8004 Zürich

Bauherr
SBB Schweizerische Bundesbahnen und Baudirektion Kanton Zürich
Projektleitung Entwicklung und Bau im Auftrag SBB
Beta Projekt Management AG

Baukosten
Gesamtbaukosten ca. CHF 300.000.000

Baukörper
Das Baufeld A hat insgesamt eine Größe von 544,7 m², mit einer Breite von 131 m [sich verjüngend auf 103,7 m] und einer Länge von 152,2 m [bzw. 119,4 m Länge ohne Gasse und Gebäudeteil Alte Sihlpost]. Die Regelgeschosshöhe der PHZH beträgt 3,625 m, im Erdgeschoss 4,465 m bzw. 7,50 m. Die Gebäude A21 und 22 erreichen mit 5 oberirdischen Geschossen [ab Straßenniveau] eine untere Traufkante von 18,625. Die zurückgestaffelte obere Traufkante erreicht 29,5 m bei 8 oberirdischen Geschossen und Bauteil A23, der Glaskubus, erreicht mit 11 oberirdischen Geschossen eine Höhe von 40,0 m. Der Bauteil A20, die Pädagogische Hochschule, hat oberirdisch 54.800 m² BGF bei 219.800 m³ BRI und 29.630 m² NF [ohne Mall], das Baufeld A30, der Geschäftshausneubau an der Europaallee hat 15.300 m² BGF bei 68.000 m³ BRI.

Bauzeit
Der zweistufige Studienauftrag mit Präqualifikation datiert auf das Jahr 2006. Max Dudlers Projekt »Stadtskulptur« wurde mit dem 1. Preis ausgezeichnet. Von 2009 bis September 2012 wurden die Pädagogische Hochschule [A20] und der Neubau des Geschäftshauses [A30] errichtet. Die Realisation für die denkmalgerechte Instandsetzung der sogenannten »Alten Sihlpost« der Gebrüder Bräm Architekten [1930] ist von 2014 bis 2015 geplant.

Brandschutz
Aus Gründen der Flächenoptimierung wurden für alle Baukörper des Ensembles die Richtlinien und Bestimmungen für Hochhäuser angewendet. Alle sich hieraus ergebenden rechtlichen und funktionalen Notwendigkeiten den Brandschutz betreffend, im Besonderen die Richtlinien für Bauten mit Räumen mit großer Personenbelegung gemäß Brandschutzvorschrift sind mit der Feuerpolizei für Schutz und Rettung Zürich abgestimmt worden. Für die Planung zeichnet die Gruner AG verantwortlich.

Büros
Für die wissenschaftlichen Angestellten und die Verwaltung der Hochschule sind in den oberen Geschossen der Gebäude A21, A22 und A23 Büroarbeitsplätze eingerichtet. Größere, zusammenhängende Gruppenarbeitsräume werden durch darin eingestellte, gläserne Einzelbüros gegliedert. Im Glaskubus [A23] sind die Seminar- und Büroräume um einen kleinen Patio angeordnet, der in den obersten 4 Geschossen in den Baukörper eingeschnitten ist.

Eingangsfoyers und Freitreppen
Jedes der drei Einzelgebäude der Pädagogischen Hochschule verfügt über ein eigenes Eingangsfoyer. Das Hauptfoyer der PHZH befindet sich auf Platzniveau des gläsernen Hauptgebäudes [A23] [LAC]. Hier befindet sich die zentrale Information. Als Anlaufstelle der Studenten sind im Kubus auch eine Internetstation sowie Informationstableaus vorgehalten. Von hier aus werden auch die Mensa und die jeweils seitlich liegenden Cafeterien erschlossen. Eine große Freitreppe verläuft an der Fassade vom Foyer bis in die oberen Geschosse, wo Informationszentrum und Hörsäle untergebracht sind. Ein filigranes Staketengeländer aus anthrazitfarben lackiertem Flachstahl begleitet die Stufen. Von den Foyers der Gebäude A21 und A22 gelangt man über gleichermaßen sorgfältig gestaltete Treppenhallen mit Oberlicht in die oberen Geschosse.

Erschließung und Nutzungsverteilung
Die Alte Sihlpost [Baufeld A10] ist von der Kasernenstrasse erschlossen. Über die bestehenden Treppenhäuser sind die in den Obergeschossen liegenden Dienstleistungs- und Büroflächen zugänglich. Eine Shopping-Mall [Baufeld A20] verbindet fußläufig über große Eingänge die Europaallee mit der Lagerstrasse. Eine Anbindung der Mall an die Garage ist über einen Erschließungskern mit drei Kundenaufzügen realisiert. Der Kern dient zugleich als Knotenpunkt für Anlieferung und Entsorgung. Die Pädagogische Hochschule Zürich [Baufeld A20] ist über den Campus-Platz oberhalb der Mall erschlossen. Er dient als zentraler Verteiler für die Hochschule, die die Gebäude A23 [Hauptgebäude], A22 und A21 belegt. Der Platz ist sowohl mit der Lagerstrasse als auch mit der Europaallee durch großzügige Treppenanlagen verbunden. Als Schnittstelle zwischen dem Niveau der Stadt und dem Campus dient darüber hinaus ein Lehrmedienshop, der an der Lagerstrasse im Gebäude A22 neben der Freitreppe angeordnet ist. Hier ist auch ein barrierefreier Zugang möglich. Zu dem Ensemble gehört auch ein langgestrecktes Gebäude an der Europaallee [Baufeld A30] in dem Büro und Dienstleistungsflächen für eine Bank untergebracht sind. Es wird über zwei repräsentative Zugänge von der Europaallee erschlossen. Der nördliche Zugang zur Shopping-Mall befindet sich als großmaßstäblicher »Einschnitt« ebenfalls in diesem Gebäude. Die Anlieferung für die der Shopping-Mall als auch für die Pädagogische Hochschule und die Gastronomieflächen erfolgt unterirdisch über die Garage im Bereich des Baufeldes A20. Die Zufahrt erfolgt von der Freischützgasse zwischen Baufeld A und C, welche Lagerstrasse und Europaallee verbindet.

Fassadenkonstruktion
Die Fassaden des Gebäudeensembles Baufeld A zeichnen sich durch ein starkes Relief aus, das in Analogie zur Wirkung eines Bossenwerks der Renaissancearchitektur entwickelt wurde. Die Fensterkonstruktion ist bündig in eine hinterlüftete Natursteinfassade aus Muschelkalk [Trosselfels] eingebaut. Die zweischalige Kastenfensterkonstruktion hat eine Bautiefe von 670 mm. Die große Bautiefe resultiert aus den markanten, mit Naturstein hinterlegten Fassadennuten, durch die die sichtbaren Fassadenelemente freigestellt sind. Die Hinterlüftung erfolgt in der Schattenfuge rund um die großen Fenster. Das statische Prinzip dieser Bauart geht von einem tragenden Fenster aus, das mit großer Ausladung die äußere VSG-Scheibe trägt. Dieser äußere Kastenrahmen setzt sich aus einem drei-seitigen Rahmen aus Strangprofilen zusammen, der oben mit dem Storenkasten eine Einheit bildet. Davor liegt ein vierseitig umlaufender Rahmen, der die Kräfte [Windlast, Eigenlast] des äußeren Verglasungsrahmens aufnimmt. Der äußere Flügelrahmen besteht aus einem winkelförmigen Profil für den Glaseinsatz und ein Blendrahmenprofil, das die Verglasung in Position hält. Die Verglasung ist zusätzlich verklebt. Die schmale Aluminiumkonstruktion wird durch örtliche Edelstahleinlagen verstärkt. Der äußere Flügelrahmen hat im unteren horizontalen Rahmenteil eine durchgehende Gelenkform. So kann eine Kippflügelstellung für Entrauchungsöffnungen realisiert werden, welche über Kettenmotoren bewerkstelligt wird. Der Sonnen- und Blendschutz in Form einer Vertikalmarkise im Kastenfensterelement ist windstabil und somit witterungsunabhängig [und dadurch wartungs- und unterhaltsarm]. Das transluzide, alubeschichtete Acrylgewebe weist eine separate Storenkastenentlüftung auf. Der Hohlraum im

Kastenfenster ist über allseitige, rechteckige Öffnungen durchlüftet. Die innere Scheibe aus Dreifach-Isolierverglasung [mit VSG raumseitig] bietet in Kombination eines Aluminiumprofils mit Polyamidisolator einen hohen Wärmeschutz. Die Erdgeschossanlagen weisen Konstruktionsmerkmale von Schaufensteranlagen auf. Bei den Terrassen sind Türen als Ausgänge auf die Terrassen integriert. Bei der Turnhalle ist die Kastenfensterkonstruktion auch innen bündig, um eine möglichst glatte innere Fläche [Unfallschutz] zu erreichen. Alle Fensterkonstruktionen ermöglichen eine natürliche Lüftung, die als Ergänzung zur mechanischen Lüftung des Hauses gedacht ist. Die Fassade des Gebäudes A23 ist mit der vorangegangenen Konstruktion im Profilaufbau identisch. Die allseitig an die Betonleibungen montierten Fenster sind hier aber stockwerkshohe, selbsttragende Fassadenelemente.

Gebäudestruktur
Im Sinne einer urbanen, innerstädtischen Gebäudetypologie ist die Konzeption und Struktur des Gebäudeensembles von Baufeld A hybrid. Dies wird besonders in Bezug auf die Nutzung deutlich. Funktionen, die keine unmittelbare Beziehung haben, wie Shopping-Mall, Seminarbereiche, Sporthalle, Bibliothek und Auditorien sowie die Geschäftsräume einer Bank finden sich in unmittelbarer Nachbarschaft, zum Teil direkt nebeneinander. Die Bezeichnung kann auch für das Tragwerk benutzt werden, da in ihm auch Teile der Tragstruktur des ehemaligen Postverteilungszentrums verarbeitet sind. Auch auf das Gebäudeensemble insgesamt passt die Bezeichnung. Es besteht neben Neubauten auch aus der denkmalgeschützten Alten Sihlpost.

Gebäudetechnik
Zur Sicherstellung einer nachhaltigen Gebäudebewirtschaftung wurde ein schlankes Gebäudetechnikkonzept entwickelt. Im Grundausbau wird das Gebäude durch eine statische Grundlastheizung mit Konvektoren beheizt. In allen Nutzungsbereichen / Zonen stellen Luftaufbereitungsanlagen teilklimatisierte Luft zur Verfügung. Die Schnittstelle zum Mieterausbau ist der Stockwerksausgang der Schächte. Die lufttechnische Erschließung und Verteilung der Medien auf den Geschossen sattelt hier auf. Je nach Raumzone erfolgt die Kälteverteilung über die Zuluft oder über Kühldecken. Die mechanische Lüftung ergänzt die natürliche Fensterlüftung. Allerdings ist der Energieverlust durch die mechanische Lüftung aufgrund von Wärmerückgewinnungsanlagen wesentlich geringer. Die Speichermassen des in massiver Bauweise errichteten Gebäudes [360 mm Stahlbetondecken, 320 mm Stahlbetonwände] sind größtenteils aktiviert. Dies trägt neben dem hervorragenden Dämmwert der Fassade mit 160 mm Wärmedämmung [Mineralfaser] und Dreifach-Isolierverglasung zu geringem Energieverbrauch bei konstantem Raumklima bei, und das trotz hoher interner Lasten [metabolische Wärme der Personen, Wärmegewinne durch Beleuchtung und Betriebseinrichtung und Sonneneinstrahlung]. Jedes Baufeld hat eine autonome Kälteerzeugung, mit Unterstationen für ein Free-Cooling-System pro Gebäude. Die Hybridkühler des Rückkühlsystems sind auf den Dächern von A21 und A23 installiert.

Generalplanerteam Architektur
Wettbewerb
Max Dudler mit Britta Fritze und Maike Schrader
Mitarbeiter Wettbewerb
Nina Herchenbach, Max Rein, Renwen Yang, Mara Callovi
Realisierung Baufeld A20 – Pädagogische Hochschule Zürich
Projektleiter
Mark van Kleef, Wiebke Ahues, Maike Schrader
Mitarbeiter
Christof Berkenhoff, Nina Behjati. Eva Brass, Merry Classen, Beate Dauth, Jörn Kärcher, Karin Mank, Katja Wemhöner, Anna Bartels, Inken Blum, Stefan Bohe, Stefania Dziura, Jan Feislachen, Arlette Feltz-Süssenbach, Christian Franke, Martin Grasse, Gesine Gummi, Clive Hildering, Isabell Klunker, Katharina Laekamp, Silke Meier zu Evenhausen, Isabelle Meissner, Lisa Onnen, Max Rein, Marcel Rüther, Kathrin Schmitz, Hannes Reichel, Andrea Schregenberger, Cornelius Voss, Renwen Yang
Realisierung Baufeld A30 – Geschäftshaus
Projektleiter
Mark van Kleef, Claudio Pasquini
Mitarbeiter
Anna Bartels, Christof Berkenhoff, Hannah Ferlic, Aysu Gümüstekin, Helga Müller, Lisa Onnen, Marcel Rüther, Andrea Thöny

Fotograf
Stefan Müller, Berlin

Hörsaal
Vier Hörsäle sind vom dritten bis sechsten Geschoss im Hauptgebäude [A23] untergebracht. Sie sind über eine große Freitreppe und den Lift vom Foyer aus erreichbar. Die kleinen Hörsäle und der große Saal sind aus akustischen Gründen außen und innen mit einer strukturierten Holzvertäfelung mit Oberflächen aus Black Cherry [amerikanische Kirsche] verkleidet. Sie bilden gewissermaßen das Herzstück der Anlage. Das große Auditorium wird über weite Flügeltüren von oben erschlossen. Die Böden der Hörsäle sind mit Parkett aus dunkler Räuchereiche belegt. Der Dozent, der den Raum vom unteren Teil des Saals betritt, findet ein mobiles Rednerpult sowie ein fest installiertes Pult mit den Anschlüssen für die Präsentationstechnik vor. Die Präsentationstechnik ist in den Einbaumöbeln den Blicken entzogen.

Informationszentrum/Bibliothek
Um das von außen mit Holz bekleidete Hörsaalzentrum herum ist das sogenannte Lernzentrum angeordnet. Es wird ebenfalls über das Foyer des Kubus [A23] erschlossen und liegt ein Geschoss über Mensa und Cafeteria. Ein Vorbereich hält für die Nutzer Schließfächer und eine Internetstation bereit. Eine automatische Medienrückgabe erleichtert den Betrieb. Nach Passieren der Scanner entlang der Info-Theke gelangt man zur Selbstverbuchung. An den Gebäudeecken sind Lesebereiche angeordnet, hier sind die Bibliotheksräume durch Lufträume erweitert. Alle Geschosse des Lernzentrums sind über interne Treppen erschlossen. Ein Boden aus dunkelgrauem PU bildet einen Kontrast zu den hellen Decken und Wänden. Analog zu den Seminarräumen spannt sich die Beleuchtung linear im Rhythmus der Regale über die gesamte Breite des Deckenfeldes.

Kunst am Bau
In einem eingeladenen Wettbewerb des Hochbauamts des Kantons Zürich wurden drei künstlerische Interventionen an der PHZH ermittelt. Als Perimeter für Kunstprojekte waren die drei Eingangshallen sowie Wartebereiche und Gangsituationen ausgeschrieben. Die Projekte sollen in eine intensive Auseinandersetzung mit der Architektur und der zukünftigen Nutzerschaft treten. Die Jury hat sich nach intensiver Diskussion dafür entschieden, die Projekte von Pascal Häusermann [Vertical Structures], Christian Kathriner [ohne Titel] und Christian Vetter [Wissen Infinitiv] zur Realisation zu empfehlen.

Lernmedien-Shop
Der Lernmedien-Shop bietet einen Fundus an Schulbüchern, Lernhilfen und Fördermaterialien für den Unterricht im Klassenzimmer, für Nachhilfestunden, für motiviertes Lehren und Lernen an.

Christian Vetter [Wissen Infinitiv]

Pascal Häusermann [Vertical Structures]

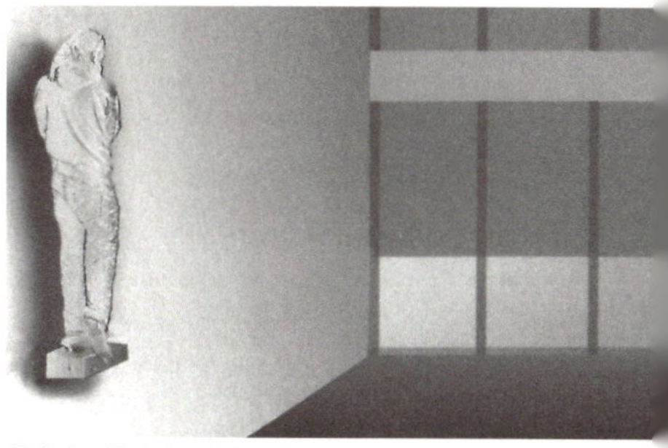
Christian Kathriner [ohne Titel]

Max Dudler

Er hat einen Zugang vom Campus und von der Lagerstrasse und wird dadurch zum wichtigen räumlichen Bindeglied zwischen Stadt und Hochschule.

Materialien, Farben, Signaletik
Die Innenraumgestaltung folgt den Leitbildern, die gesamtheitlich für die Architektur des Ensembles entwickelt wurden. Dauerhafte und strapazierfähige Materialien kommen in einfacher und selbstverständlicher Manier zum Einsatz. Der Mensch steht im Mittelpunkt und nicht ein Aufmerksamkeit heischendes Design. Flure und Seminarräume sind zurückhaltend gestaltet, wichtige Funktionen jedoch wie Mensa, Sporthalle oder infrastrukturelle Räume sind auffällig materialisiert und dadurch leichter auffindbar. Wie ein riesiges Holzmöbel etwa ist der Hörsaalkubus im zentralen Gebäude über mehrere Geschosse deutlich erkennbar. Nach einem übergeordneten Farbkonzept sind die Sanitär- und Erschließungskerne farbig gekennzeichnet. Die Orientierung im Gebäude wird dadurch erleichtert. Ein unaufdringliches Signaletik-Konzept mit Stockwerkübersichten, Wegweisern, Raumschildern und fixen Raumbezeichnungen begleitet den Nutzer durch das Gebäude. Die verwendete Schrift Alpha Headline erzeugt ein stabiles, klares Schriftbild von hoher grafischer Qualität, welches die eindeutige Sprache der Architektur aufnimmt und visuell ein signifikantes Moment setzt.

Max Dudler
Max Dudler wurde in Altenrhein in der Schweiz geboren, er studierte Architektur an der Frankfurter Städelschule und an der Hochschule der Künste Berlin. Zu Beginn seiner Laufbahn arbeitete er bei Oswald Mathias Ungers. 1992 gründete er ein eigenes Architekturbüro. Heute betreibt das Büro Niederlassungen in Berlin, Zürich und Frankfurt. Seit 2004 unterrichtet Max Dudler an der Kunstakademie Düsseldorf.

Mensa und Cafeteria
Die Mensa befindet sich auf Platzniveau im Glaskubus [A23]. Sie wird über das Foyer erreicht. Ein langer Ausgabetresen bildet eine Verbindung zur rückwärtigen Küche. Hier werden die warmen Menüs ausgegeben. Durch eine Kassenzone gelangt man in die zwei lichten Speisesäle, die an der Platzfassade angeordnet sind. An den Ecken erweitert sich der Raum jeweils zweigeschossig. Durch Schiebewände sind diese Bereiche abtrennbar und werden außerhalb der Öffnungszeiten der Mensa als Cafeterias mit Selbstbedienung betrieben. Der Boden der Mensa und Cafeteria ist mit dem grauem Basalt belegt, der auch auf dem Platz und in den Foyers zu finden ist. Auffällige rote Wandfassungen und helle Vorhänge geben Cafeteria und Speiseräumen eine angenehme Raumstimmung.

Nutzer
Die Pädagogische Hochschule Zürich [PH Zürich] ist die Aus- und Weiterbildungsstätte für Lehrpersonen im Kanton Zürich. Sie wurde im Herbst 2002 durch die Zusammenlegung von elf bisherigen Institutionen der Lehrerausbildung gegründet. Die PH Zürich gehört dem kantonalen Fachhochschulverband an und gliedert sich in folgende Bereiche: Ausbildung für angehende Lehrerinnen und Lehrer aller Stufen, Weiterbildung und Beratung für Lehrpersonen, Schulleitende und Schulbehörden sowie Forschung und Dienstleistungen. Rund 2000 Studierende und etwa 500 Dozierende, wissenschaftliche Mitarbeitende und Assistierende sowie 250 Mitarbeitende in administrativen, technischen und betrieblichen Funktionen sind an der PH Zürich tätig.

Ökologie
Die Dachlandschaft der PHZH wird durch eine facettenreiche Freiraumgestaltung zum wichtigen Teil des städtischen Ökosystems. Über 50 Nistkästen für Mauersegler wurden montiert. Fast alle Dachflächen werden durch besondere Kies- und Sandarten, auf denen Baumstämme lagern, zum Nist- und Brutplatz einheimischer Tiere. Eine Begrünung durch Gräser wirkt sich positiv auf das Umgebungsklima aus.

Planungsteam Generalplaner [bis Submission]
Architekt
Max Dudler Architekten AG, Zürich
Generalplaner
Max Dudler Architekten AG, Zürich
Tragwerksplaner
Leonhardt, Andrä und Partner, Beratende Ingenieure VBI GmbH, Berlin
Baumanagement
FREIRAUM Baumanagement AG, Zürich
Bauphysiker
Kopitsis Bauphysik AG, Wohlen
Haustechnikplaner
Polke, Ziege, von Moos AG, Zürich
Elektroplaner
Bürgin +Keller Management & Engineering AG
Fassadenplaner
GKP Fassadentechnik AG, Aadorf
Brandschutzplaner
Gruner AG, Basel-Zürich

Realisation / Totalunternehmer
Implenia Generalunternehmungen AG, Dietikon

Passage, Retail und Gastro
Rund 8000 m² der Nutzfläche des Erdgeschosses und 1. Obergeschosses der Gebäude A20 und A30 [Pädagogische Hochschule und Geschäftshaus] werden durch Retailflächen belegt. Drei kleinere Einheiten orientieren sich jeweils auf die neue Europaallee und die Lagerstrasse. Mehrere große, zusammenhängende Flächen liegen an einer Passage, die als verbindendes Element zwischen diese beiden Stadträumen angeordnet ist. Die [innere] Fassade der Passage nimmt in ihrer Gliederung und Materialisierung die Bronzefarben des Geschäftshauses [A30] auf. Der »Himmel« der Passage wird durch eine multimediale Lichtdecke mit LED-Beleuchtung, Projektoren und Sounds gebildet, welche mit unterschiedlichen Sujets bespielt werden kann, um unterschiedliche Stimmungen und Atmosphären zu erzeugen. Sie ist die größte ihrer Art in Europa.

Platzgestaltung und Außenräume
Der Platz dient als zentraler Verteiler für den Campus der PHZH. Der dunkelgraue Basalt des Platzbelags zieht sich bis in die Foyers und die Mensa und vermittelt dadurch zwischen Innen und Außen. Der Platz ist zugleich Kommunikationsraum, Treffpunkt und Aufenthaltsort für die Mittagspause. Die Platzfläche wird durch ein Wasserspiel, eine lange Sitzbank sowie neun festmontierte Schirmelemente gegliedert und belebt. Wie die Fassaden der PHZH ist der Platzbelag als Relief ausgebildet, aus dem die Platzmöblierung, wie etwa die Sitzbank, sozusagen herauswächst. Der Platzbelag zieht sich über die Freitreppen bis hinunter zum Stadtniveau. Die Beleuchtung des Platzes steht im Kontext des Plan Lumière der Stadt Zürich. Teile der Beleuchtung sind in die Gestaltungselemente integriert. Die Wasserdüsen des Wasserspiels etwa stehen in Verbindung mit programmierbaren LEDs. Auch in die Pflanzfelder der Sitzbank sind Leuchten integriert. Die Hauptwegeführungen an den Platzseiten werden durch stelenförmige Leuchten erhellt, die Eingänge

der Gassen akzentuieren markante Pendelleuchten. Ein in den Platzbelag integriertes Wasserspiel erfrischt im Sommer und gibt dem Platz eine besondere [akustische] Stimmung. Neun Wasserdüsen können in Rhythmus und Höhe einzeln gesteuert werden und ermöglichen so eine Vielzahl von choreografischen Inszenierungen. Die Pflanzfelder sind mit niedrigen Gräsern und Blasenbäumen [Koelreuteria Paniculata] bepflanzt, welche mit den Jahreszeiten abwechslungsreiche Erscheinungsformen zeigen. Durch seine prächtige orangegelbe oder orangerote Herbstfärbung zählt der Blasenbaum zu den schönsten Laubgehölzen.

Raumprogramm
1 Hörsaal für 440 Personen, 3 Hörsäle für je 150 Personen, 2 Hörsäle für je 90 Personen, 90 Seminarräume, 1 Dreifachturnhalle, 1 Einfachturnhalle, 1 Lernforum [Bibliothek, Digital Learning, Schreibzentrum], 1 Mensa, 3 Sing-/Theaterräume, 3 Labore [Physik/Chemie], 1 Kindertagesstätte, 1 Fitnessraum, 6 Pflanzentröge mit 30 Blasenbäumen, 51 Nistkästen für Mauer-/Alpensegler

Seminarräume
Der häufigste Raumtypus in der PHZH ist der Seminarraum, stellenweise auch als Atelier, Naturwissenschafts- oder Gruppenraum abgewandelt. Alle diese Räume folgen einer einheitlichen Gestaltungsidee. Eine freundliche, neutrale Raumstimmung soll den Rahmen für die hier behandelten Inhalte bieten. Durch tiefe Türleibungen in den Fluren werden die Seminarräume betreten. Die Tiefe der Leibung nimmt im Innenraum ein modulares Schranksystem auf, das je nach Nutzung Stauraum für Unterrichtsmaterialien und Medien bietet. Im oberen Teil dieses Einbaus ist die Zu- und Abluft integriert, da das Gebäude nach Minergie-Standard mechanisch belüftet wird. Türen und Möbel sind mit einem besonders robusten Kunstharzbelag ausgestattet. Ein Bodenbelag aus grauem PU in Fluren und Räumen wird von Wänden in einem hellen, warmen Grauton begleitet. Den Raumabschluss bildet eine helle Akustikdecke aus Gipskarton mit umlaufendem Fries. Die Decke nimmt die lineare Beleuchtung sowie allenfalls Beamer für Präsentationen auf. Durch die Helligkeit des inneren Deckenfeldes gegenüber Fries und Wänden gewinnt der Raum optisch an Höhe.

Sporthalle
Die Dreifach-Sporthalle befindet sich im 6. Geschoss des Gebäudes A21 [LAB] an der Freischützgasse. Über interne Treppen kann die Sporthalle von Duschen und Umkleiden aus erschlossen werden. Die Halle entspricht den Wettkampfnormen. Sie kann mittels zweier Blachenwände in drei Einzelfelder unterteilt werden. Durch ihre Lage an der Fassade gibt es immer einen Bezug zum Campus. Die Halle hat dadurch eine natürliche Belichtung, die durch quadratische Deckenleuchten ergänzt wird. Der PU-Belag und die akustisch wirksame Wandverkleidung sowie die Deckenpaneele sind in verschiedenen aufeinander abgestimmten Blautönen gehalten. In bündigen Wandnischen sind Sprossenwände und andere Sportgeräte [Klettertaue, Reckstangen, Schaukelringe] sowie Einbauschränke für Materialien und eine Musikanlage integriert. Eine kleinere Sporthalle mit Galerie liegt im dritten und vierten Obergeschoss des gleichen Gebäudes.

Städtebauliche Situation
Die langen, riegelartigen Gebäude A10 [Sihlpost], A21, A22 und A30 umgreifen windmühlenartig ein Zentrum, das aus dem kubischen Hauptgebäude A23 und einem Campus-Platz gebildet wird. Gassenartige Durchwegungen, die aufgrund des erhöhten Niveaus dieses Campus mit breiten Freitreppen ausgeführt sind, verbinden das Gebäudeensemble mit der angrenzenden Stadt. Über tiefe Einschnitte in die Gebäudevolumen zur Lagerstrasse wird der durch die Stadtentwicklung Europaallee entstehende Maßstabssprung vermittelt.

Stellplätze und Velo-Station
Die für die Baufelder A und C erforderlichen PKW-Stellplätze werden in einer Garage bereitgestellt, die sich unter den beiden Baufeldern A und C erstreckt. Die Zufahrt in Baufeld A20 dient auch der Anlieferung. Sie ist von der Freischützgasse aus erreichbar. Von der Tiefgarage aus gelangt man über Erschließungskerne in die Foyers der Pädagogischen Hochschule und in das Foyer des Bürogebäudes.

Tragwerk
Der Gebäudekomplex der Pädagogischen Hochschule steht auf Bestandsbauteilen der »Neuen Sihlpost«, die 1990 als Stahlbetonkonstruktion erstellt wurde. Die Bodenplatte und Teile der Untergeschosse wurden erhalten und für die Lastableitung des neuen Tragwerks genutzt. Zur setzungsarmen Aufnahme der höheren Vertikallasten wurde die Gründung lokal durch HDI-Pfähle verstärkt. Die Horizontalaussteifung wurde nach aktueller Schweizer Norm auf entsprechende Erdbebenbelastungen ausgelegt und durch das Zusammenwirken von vorhandenen Kernen [in verbleibenden Untergeschossbereichen] und neu angeordnete Stahlbetonkerne gewährleistet.
Die neue Tragkonstruktion ist in Stahlbeton ausgeführt. Die Spannweite der Regeldeckenfelder beträgt 10,5 m bei Deckendicken von 34 bis 36 cm. Zur Verformungsreduzierung und zur Verbesserung des Durchstanzverhaltens wurden Deckenbereiche vorgespannt. Der bis zu 9 m auskragende Gebäudebereich bei A22 an der Lagerstraße wurde als Stahlverbundkonstruktion in Verbindung mit Vorspannung ausgebildet. Die Mehrfachturnhalle bei A21 wird durch Stahl-Blechträger mit einer lichten Spannweite von 26,2 m überdeckt.

Velo-Station
Für Fahrradfahrer befindet sich im Erdgeschoss des Gebäudes A21 eine Velo-Station. Eine weitere Velo-Station ist im Untergeschoss der Alten Sihlpost untergebracht. Sie ist über eine bestehende Rampe an den Hauptbahnhof angebunden. Ein Treppenzugang ermöglicht den direkten Zugang von der Kasernenstrasse.

Seminarraum

Blasenbäume [Koelreuteria Paniculata]

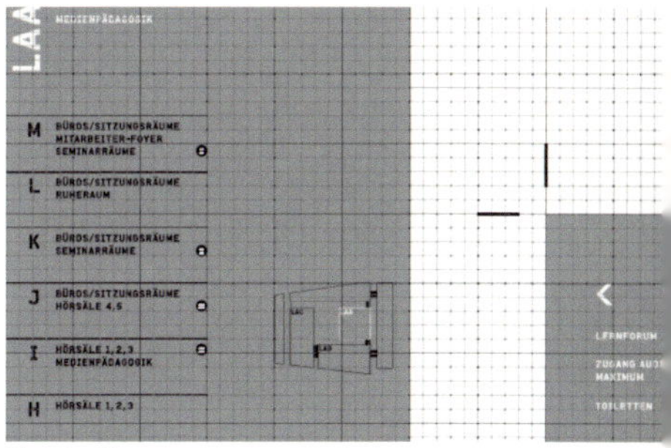

Signaletikkonzept

Bildnachweis

Herausgeber und Verlag haben sich nach besten Kräften bemüht, sämtliche Reproduktionsrechte einzuholen. Sollten uns dennoch Fehler unterlaufen sein, bitten wir um entsprechende Hinweise und werden dies in nachfolgenden Auflagen berücksichtigen.

Stefan Müller I Berlin
4, 7, 8, 10, 14, 17, 18, 19, 20, 21, 24, 25, 28, 30, 31, 32, 33, 34, 35, 45, 46, 47, 48, 49, 50, 51, 52, 53, 54, 55, 57, 59 mitte, 59 unten, 62, 67, 68, 70, 71, 72, 74, 76, 77, 78, 79, 80, 81, 82, 83, 84, 92

Leonhardt, Andrä und Partner I Berlin
12

Christian Möller-Deplazes I Zürich
22, 23, 27, 37

Hochbauamt Zürich
38 oben

Kees Christiaanse I Rotterdam
38 mitte

Max Dudler
38 unten, 39, 40, 44, 56, 60, 61mitte, 63, 65, 86, 87, 88, 89, 90,

Roger Frei I Zürich
42

Baugeschichtliches Archiv der Stadt Zürich
43

Hansjörg Straub I Zürich
59 oben

Waltraud Krase I Frankfurt
58 unten

Wikimedia Foundation Inc.
58 oben, 61 oben, 66

Albrecht Dürer erschienen in Kruft, Städte in Utopia [C.H.Beck 1989]
61 unten

Christian Vetter I Zürich
93 oben

Pascal Häusermann I Zürich
93 mitte

Christian Kathriner
93 unten

Jessica Siegel I Kirchheim
94

Dieses Buch wurde unterstützt durch:

Beta Projekt Management AG, Zürich / FREIRAUM Baumanagement AG, Zürich / gkp fassadentechnik ag, Aadorf / HOFMANN NATURSTEIN GmbH & Co. KG, Würzburg / Immobilien Development Europaallee / Implenia Management AG, Dietikon / Leonhardt, Andrä und Partner Beratende Ingenieure VBI GmbH, Berlin / Polke, Ziege, Von Moos AG, Zürich / Schweizerische Bundesbahnen SBB